Kurioses über die Olympischen Spiele

Von 1896 bis 2024

Jacob Delavie

Table of Contents

Einleitung

Die Olympischen Spiele 2024 in Paris fordern einen tiefen Einblick in die Geschichte der Olympischen Spiele. Seit ihrer Wiederbelebung im Jahr 1896 haben sich die Spiele von einem bescheidenen Treffen in Athen zu einem globalen Phänomen entwickelt, das Milliarden von Menschen begeistert. Aber jenseits der Medaillen und des Ruhms liegt eine Schatztruhe faszinierender Geschichten, überraschender Fakten und skurriler Traditionen, die das wahre Herz und die Seele dieser legendären Veranstaltung enthüllen.

Dieses Buch, „Kurioses über die Olympischen Spiele", ist Ihr Reisepass, um die weniger bekannten, unerwarteten und absolut faszinierenden Aspekte der Olympischen Spiele zu entdecken. Reisen Sie durch die Zeit, von den staubigen Bahnen der ersten modernen Spiele bis zu den hochmodernen Stadien des 21. Jahrhunderts, und entdecken Sie die verborgenen Geschichten, die in den Stoff der olympischen Geschichte eingewebt sind.

In diesen Seiten werden Sie Geschichten über vergessene Sportarten wie Tauziehen und Lebendtaubenschießen begegnen, die Ursprünge der fünf olympischen Ringe entdecken und etwas über die Kontroversen, Triumphe und Athleten erfahren, die es wagten, die Erwartungen zu übertreffen. Vom jüngsten Goldmedaillengewinner bis zum ältesten Olympioniken, von bizarren Ritualen bis zu rekordverdächtigen Leistungen, enthüllt dieses Buch die faszinierenden menschlichen Geschichten, die im Herzen der Spiele liegen.

Mehr als nur eine Sammlung von Trivia, „Fun Facts about the Olympic Games" ist eine Einladung, die Olympischen Spiele durch eine neue Linse zu betrachten. Es ist eine Feier der Hingabe, der Leidenschaft und des reinen menschlichen Geistes, die die olympische Bewegung seit über einem Jahrhundert antreiben. Es ist auch eine Momentaufnahme der Welt und des menschlichen Geschehens zur Zeit der Spiele, ein Beweis dafür, wie Sport Kultur, gesellschaftspolitische Bewegungen und Kriege durchdringt. Der Leser kann einen chronologischen Ansatz wählen; jedoch ist jedes Kapitel so geschrieben, dass es unabhängig von den anderen gelesen werden kann.

Also, egal ob Sie ein erfahrener Sportfan oder ein neugieriger Neuling sind, bereiten Sie sich darauf vor, von der fesselnden Welt der olympischen Überlieferung begeistert, amüsiert und inspiriert zu werden. Machen Sie sich bereit, in die Welt der olympischen Premieren, Misserfolge und phänomenalen Leistungen einzutauchen. Lassen Sie die Reise beginnen!

Willkommen in Athen 1896! Die Spiele sind da!

Halten Sie sich fest, Sportfans! Wir reisen zurück in die Zeit, ins Jahr 1896, zum eigentlichen Geburtsort der Olympischen Spiele – Griechenland! Es war eine Zeit großer Veränderungen und Aufregung, und die Welt hielt den Atem an, als eine legendäre Tradition wiedergeboren wurde.

Eine Stadt, die in der Geschichte verwurzelt ist

Stellen Sie sich die geschäftigen Straßen Athens vor, die in der warmen mediterranen Sonne baden. Das Jahr ist 1896, und diese antike Stadt brummt vor einer besonderen Art von Energie. Schließlich ist sie Gastgeber der ersten Olympischen Spiele seit über 1500 Jahren!

Athen, die Wiege der Demokratie und Philosophie, war eine treffende Wahl für diese großartige Wiederbelebung. Die Stadt selbst war wie ein lebendes Museum, gefüllt mit prächtigen Ruinen, die Geschichten von antiken Helden und ihren legendären Taten flüsterten. Hier, in diesem historischen Ambiente, sollte der Geist der antiken Spiele wieder zum Leben erwachen.

Pierre de Coubertin: Der Mann mit dem olympischen Traum

Lassen Sie uns nun den Mann kennenlernen, der den Olympischen Spielen wieder Leben eingehaucht hat – Pierre de Coubertin, ein französischer Visionär. Er glaubte, dass Sport die Kraft hatte, Nationen zu vereinen und Einzelpersonen zu inspirieren. Er träumte davon, die antiken olympischen Ideale von Fair Play, Sportlichkeit und dem Streben nach Exzellenz wiederzubeleben.

Die Welt davon zu überzeugen, diesen Traum anzunehmen, war nicht einfach, aber Coubertin war entschlossen. Er sah sich mit Skepsis, finanziellen Hürden und sogar politischen Spannungen konfrontiert. Doch wie ein wahrer Olympionike beharrte er, und schließlich, im Jahr 1894, wurde das Internationale Olympische Komitee gegründet, das den Weg für die glorreiche Rückkehr der Spiele ebnete.

Die Spiele beginnen!

Die ersten modernen Olympischen Spiele wurden am 6. April 1896 im Panathenaischen Stadion eröffnet, einem prächtigen, ganz aus Marmor errichteten Stadion, das aus dem 4. Jahrhundert v. Chr. stammte! Können Sie sich das Dröhnen der Menge vorstellen, als über 240 Athleten aus 14 Nationen in ihren nationalen Kostümen aufmarschierten? Es war ein Anblick, der seinesgleichen suchte, ein Symbol der internationalen Einheit und des sportlichen Geistes.

Die Spiele von 1896 umfassten neun Sportarten, darunter Leichtathletik, Schwimmen, Radfahren, Turnen, Gewichtheben, Ringen, Fechten, Schießen und Tennis. Werfen wir einen Blick auf einige der Höhepunkte:

- **Der Märchenhafte Abschluss des Marathons:** Stellen Sie sich den Staub vor, der in der Luft wirbelt, als ein junger griechischer Wasserträger namens Spyridon Louis die Ziellinie überquerte und zum ersten modernen Olympiasieger im Marathonlauf wurde. Sein Sieg löste wilde Jubelfeiern in ganz Griechenland aus und machte ihn über Nacht zum Nationalhelden. Das nennt man Heimvorteil!

- **Die Legende vom fliegenden Franzosen:** Dann war da noch Nándor Nikesch, ein ungarischer Fechter, der Frankreich vertrat. Dieser junge Mann dominierte den Säbelwettkampf und verdiente sich den Spitznamen „der fliegende Franzose" für seine blitzschnellen Reflexe und seinen eleganten Stil.

- **Ein jugendlicher Triumph im Wasser:** Wussten Sie, dass der jüngste Champion von 1896 gerade einmal 10 Jahre alt war?! Dimitrios Loundras, ein junger griechischer Junge, holte die Bronzemedaille im Mannschaftsturnen und bewies damit, dass Alter nur eine Zahl ist!

Ein paar lustige Fakten, um Ihre Freunde zu beeindrucken

- **Keine Goldmedaillen (noch nicht!):** Glauben Sie es oder nicht, die Gewinner von 1896 erhielten keine Goldmedaillen. Stattdessen wurden ihnen Silbermedaillen, Olivenzweige und Urkunden verliehen. Ein einzigartiges Andenken!
- **Frauen waren zum Zuschauen willkommen (aber nicht zum Wettkampf):** Leider durften Frauen 1896 nicht an den Spielen teilnehmen. Erst bei den Spielen 1900 in Paris durften Frauen endlich an den Wettkämpfen teilnehmen.
- **Ein Marathon... mit einer Pause?:** Der Legende nach soll ein griechischer Läufer beim Marathonlauf auf halbem Weg für eine kleine Erfrischung angehalten haben – ein Glas Wein! Auch wenn die Geschichte möglicherweise apokryph ist, sorgt sie für einen Hauch von Humor bei der Veranstaltung.

Ein Vermächtnis beginnt

Die Spiele von 1896 in Athen mögen weit entfernt von den massiven, mediengeprägten Veranstaltungen gewesen sein, die wir heute kennen, aber sie repräsentierten etwas ganz Besonderes. Sie markierten die Wiedergeburt einer großen Tradition, die Menschen auf der ganzen Welt immer noch inspiriert und vereint. Der Geist der antiken Spiele, wiedergeboren im Herzen Griechenlands, sollte die Welt des Sports für immer verändern.

Eine große Ausstellung... mit einem Schuss Sport: Ein Blick auf die Spiele von 1900 in Paris

Das Jahr 1900. Stellen Sie es sich vor: die Morgendämmerung eines neuen Jahrhunderts, eine Zeit voller Innovation und einer Prise Belle Époque-Extravaganz. Vor diesem lebendigen Hintergrund entfaltete sich die zweite Ausgabe der modernen Olympischen Spiele, eingebettet in die Pracht der Exposition Universelle, der prunkvollen Weltausstellung von Paris.

Paris: Stadt der Lichter und sportlicher Freuden

Paris, bereits für seine Eleganz und seinen Charme gefeiert, hüllte sich für die Exposition in einen noch prächtigeren Wandteppich. Stellen Sie sich vor, Sie schlendern durch opulente Pavillons, die die neuesten Wunder der Technik und Kunst präsentieren, die Luft summt vor Aufregung und das Gemurmel von Sprachen aus aller Welt erfüllt die Atmosphäre. Die Spiele hingegen waren nicht die Hauptattraktion wie heute. Sie waren in das Gefüge der Exposition eingewebt und gingen fast in ihrem blendenden Spektakel unter!

Eine verstreute Bühne: Anders als die heutigen, speziellen olympischen Stadien waren die Veranstaltungen von 1900 über ganz Paris verstreut. Das Fechten fand im Schatten des Eiffelturms statt, während das Schwimmen ein kühles Bad in der Seine selbst nahm. Stellen Sie sich vor, Athleten, die vor so ikonischen Wahrzeichen antreten, ihre Leistungen werden nicht nur von begeisterten Sportfans, sondern auch von neugierigen Ausstellungsbesuchern verfolgt!

Eine Welt im Wandel: Die Bühne ist bereitet

Das Jahr 1900 drehte sich nicht nur um neue Erfindungen und architektonische Wunder. Die Welt befand sich mitten in einem bedeutenden gesellschaftlichen und politischen Wandel, und diese Unterströmungen wirkten sich unweigerlich auf die Spiele aus.

Frauen betreten das Feld: In einem Meilenstein für Frauen im Sport begrüßten die Spiele von 1900 zum ersten Mal weibliche Athletinnen! Ihre Zahl war zwar gering (nur 22 von fast 1000 Athleten), aber ihre Präsenz markierte ein bedeutendes Riss in der gläsernen Decke des sportlichen Wettkampfs. Stellen

Sie sich den Nervenkitzel und den Stolz vor, den diese Pionierinnen empfunden haben müssen, als sie auf einer internationalen Bühne antraten und lange gehegte Vorstellungen von dem, was Frauen erreichen konnten, in Frage stellten.

Ein Hauch von Kontroverse: Die Spiele von 1900 waren nicht ohne ihre Pannen. Die Organisation war, gelinde gesagt, etwas lockerer als das, was wir heute gewohnt sind. Die Veranstaltungen waren über fünf Monate verteilt (ja, Sie haben richtig gelesen!), oft an Wochentagen, und einige waren sogar ohne offizielle Ankündigungen oder klare Ergebnisse! Dies, zusammen mit der Tatsache, dass viele Athleten gar nicht wussten, dass sie an den Olympischen Spielen teilnahmen, hat zu einigen Debatten über die offizielle Medaillenbilanz und die Anerkennung bestimmter Veranstaltungen geführt, die bis heute andauern!

Gold, Ruhm und unvergessliche Geschichten:

Trotz der organisatorischen Macken waren die Spiele von 1900 ein Nährboden für unvergessliche Geschichten und sportliche Leistungen, die die Fantasie bis heute fesseln.

Der unerwartete Champion: Stellen Sie sich einen jungen Mann vor, kaum alt genug, um sich zu rasieren, der ein geliehenes Boot zum Sieg im Segelwettkampf steuert. Das war Hélène de Pourtalès, der jüngste olympische Segelgoldmedaillengewinner aller Zeiten! Seine Geschichte ist eine Erinnerung daran, dass Alter nur eine Zahl ist und dass manchmal ein bisschen Glück und eine ganze Menge Können den Unterschied machen können.

Ein Grand Slam im Golf: Bei den Spielen von 1900 wurde Golf zum ersten Mal ausgetragen, und es war eine wahrhaft internationale Angelegenheit. Spieler aus ganz Europa und den Vereinigten Staaten kämpften auf den Greens, aber es war eine junge Amerikanerin namens Margaret Abbott, die die Show stahl. Ohne zu wissen, dass sie an den Olympischen Spielen teilnahm, spielte sie sich zum Sieg und wurde damit zur ersten Amerikanerin, die eine olympische Veranstaltung gewann!

Die Kontroverse um das Taubenschießen: Während Bogenschießen, Reitsport und sogar Tauziehen das Publikum begeisterten, war es der inzwischen eingestellte Sport des Lebendtaubenschießens, der für Kontroversen sorgte. Ja, Sie haben richtig gelesen! Obwohl er zu dieser Zeit als üblicher Sport galt, löste der Einsatz von lebenden Tieren (und die daraus resultierende Bluttat) einen Aufschrei aus, der schließlich dazu führte, dass er aus zukünftigen Olympischen Spielen gestrichen wurde. Dies ist ein deutlicher Hinweis darauf, wie sehr sich die gesellschaftlichen Werte und Perspektiven auf den Tierschutz im Laufe der Zeit entwickelt haben.

Jenseits der Ziellinie: Ein Vermächtnis, das in Erinnerung bleibt

Die Spiele von 1900 in Paris werden vielleicht ebenso für ihren unkonventionellen Charme und ihre organisatorischen Pannen in Erinnerung bleiben wie für ihre sportlichen Leistungen. Dennoch stellen sie einen entscheidenden Schritt in der Entwicklung der modernen olympischen Bewegung dar.

Sie zeigten die aufkeimende Welt des Frauensports, unterstrichen die wachsende internationale Anziehungskraft der Spiele und boten, trotz ihrer Mängel, einen Einblick in den Geist des Wettbewerbs und der internationalen Kameradschaft, der die Olympischen Spiele in den kommenden Jahren prägen sollte.

Wenn Sie also das nächste Mal über die Präzision eines olympischen Bogenschützen oder den blitzschnellen Sprint eines Leichtathleten staunen, denken Sie an die Spiele von 1900 in Paris. Denken Sie an die bahnbrechenden Athleten, die unkonventionellen Austragungsorte und den Geist einer Welt am Rande eines neuen Jahrhunderts, die alle ihren Teil dazu beigetragen haben, die Olympischen Spiele so zu gestalten, wie wir sie heute kennen.

London ruft: Ein Blick zurück auf die Olympischen Spiele von 1908

Das Jahr ist 1908. Stellen Sie sich Kopfsteinpflasterstraßen vor, die von flackernden Gaslaternen beleuchtet werden, von Pferdekutschen, die sich mit dem ein oder anderen Automobil um den Platz streiten, und einer Welt am Rande bemerkenswerter Veränderungen. In dieser Ära aufkeimender Innovation fanden sich die Olympischen Spiele wieder in Europa wieder, ausgerichtet von der geschäftigen Metropole London, England.

Dies waren jedoch nicht irgendwelche Olympischen Spiele. Die Olympischen Spiele von 1908 in London, offiziell die Spiele der IV. Olympiade, wurden ursprünglich Rom zugesprochen. Doch der Ausbruch des Vesuvs im Jahr 1906 zwang Italien, seine Ressourcen für den Wiederaufbau umzuleiten, und gab London die olympische Fackel weiter. Niemand ahnte damals, dass diese Fügung des Schicksals den Weg für eines der bedeutendsten und transformativsten Spiele in der olympischen Geschichte ebnen würde.

Eine Stadt, die zum beeindrucken angezogen ist

London, begierig darauf, seine Position als Weltmacht zu präsentieren, scheute keine Kosten. Das Herzstück der Spiele war das majestätische White City Stadium, das in nur neun Monaten erbaut wurde und das erste olympische Schwimmbecken überhaupt beherbergte! Dieses architektonische Wunder aus Stahl und Beton bot Platz für über 68.000 Zuschauer, ein Beweis für die wachsende Popularität der Spiele.

Die Bühne bereiten: Eine Welt im Wandel

Die Olympischen Spiele von 1908 entfalteten sich vor dem Hintergrund tiefgreifender globaler Veränderungen. Die Welt stand am Rande technologischer Fortschritte, die das 20. Jahrhundert neu definieren sollten. Das erste Ford Model T rollte in diesem Jahr vom Band, und die Gebrüder Wright begeisterten das Publikum mit ihren Flugmaschinen. Dieser Geist der Innovation und des Fortschritts durchdrang die Spiele und bereitete die Bühne für rekordverdächtige Leistungen und unvergessliche Momente.

Sportliche Premieren und bleibende Vermächtnisse

Die Spiele von 1908 führten mehrere heute übliche Praktiken in die Olympischen Spiele ein. Zum ersten Mal marschierten die Athleten während der Eröffnungszeremonie hinter ihren Nationalflaggen auf, eine Tradition, die bis heute fortbesteht und Athleten und Zuschauer in einem farbenfrohen Schauspiel nationaler Stolz vereint. Dies war auch das erste Mal, dass das olympische Motto „Citius, Altius, Fortius" – lateinisch für „Schneller, Höher, Stärker" – die olympische Arena zierte und den Geist der sportlichen Exzellenz verkörperte, der die Spiele definiert.

Apropos „schneller", der Marathonlauf von 1908 brachte seinen eigenen Anteil an Drama und Legenden mit sich. Der Lauf, der ursprünglich 26 Meilen lang sein sollte, wurde auf 26 Meilen und 385 Yards verlängert, damit die königliche Familie einen optimalen Blick von ihrer Loge im White City Stadium aus genießen konnte. Diese scheinbar willkürliche Entscheidung etablierte unbeabsichtigt die Marathondistanz, die wir heute kennen und feiern. Das Ziel des Marathons selbst war ein Spektakel, das in die olympische Geschichte eingegangen ist. Dorando Pietri, ein italienischer Bäcker, erreichte das Stadion als Erster, brach aber vor Erschöpfung und Dehydration zusammen und geriet vom Kurs ab. Er wurde von besorgten Beamten über die Ziellinie geholfen, eine Geste der Mitgefühl, die letztendlich zu seiner Disqualifikation führte, da Hilfe von außen gegen die Regeln verstieß. Dennoch fesselte Pietris Kampfgeist und seine Entschlossenheit die Welt und machte ihn zu einem Symbol des olympischen Geistes, der Generationen von Läufern inspirierte.

Frauen betreten die Bühne

Während bei den Spielen von 1900 in Paris eine Handvoll weiblicher Athleten teilgenommen hatten, markierten die Spiele von 1908 in London einen bedeutenden Schritt nach vorne für Frauen im Sport.

Über 40 Frauen traten in fünf Sportarten an: Bogenschießen, Tennis, Eiskunstlauf, Turnen und Tauchen. Eiskunstläuferin Madge Syers aus Großbritannien, die im Alter von 27 Jahren antrat, wurde die erste olympische Meisterin in einer Einzeldisziplin und ebnete damit den Weg für Generationen von Athletinnen, die nach olympischem Ruhm strebten.

Von Tennis bis Tauziehen: Ein Wandteppich aus Sportarten

Die Spiele von 1908 in London boten eine faszinierende Mischung aus 22 Sportarten, einige vertraut, andere in den Sand der Zeit verschwunden. Neben traditionellen Veranstaltungen wie Leichtathletik, Schwimmen und Radfahren konnten die Zuschauer auch Wettkämpfe in Lacrosse, Jeu de Paume (einem Vorläufer des Tennis) und sogar Tauziehen erleben, was die Vielfalt und die sich entwickelnde Natur des olympischen Programms zeigte.

Ein Vermächtnis der Innovation und Inspiration

Die Olympischen Spiele von 1908 in London waren nicht ohne ihre Herausforderungen, von logistischen Hürden bis hin zu hitzigen Wettkämpfen, die manchmal die Grenzen der Sportlichkeit testeten. Dennoch bleiben sie ein starkes Zeugnis für den vereinigenden Geist des Sports. Sie setzten neue Maßstäbe für sportliche Exzellenz, umarmten Innovation und erweiterten die olympische Bühne für Athletinnen, wobei sie einen unauslöschlichen Eindruck auf die olympische Bewegung hinterließen. Wenn wir auf die Spiele der IV.

Olympiade zurückblicken, werden wir daran erinnert, dass die Olympischen Spiele mehr als nur Medaillen und Rekorde sind. Sie sind darum bemüht, Grenzen zu verschieben, das menschliche Potenzial zu feiern und ein Gefühl der globalen Einheit zu fördern, das nationale Grenzen und kulturelle Unterschiede überwindet. Die Spiele von 1908 in London, ein lebendiger Wandteppich, der mit Fäden aus sportlichen Leistungen, historischer Bedeutung und menschlichem Geist verwoben ist, inspirieren uns auch heute noch, nach Größe zu streben, Fortschritt zu begrüßen und die Kraft des Sports zu feiern, die uns alle vereint.

Ein schwedischer Sommer: Die Olympischen Spiele von 1912 entpacken

Das Jahr ist 1912. Die Titanic ist tragisch untergegangen, Arizona und New Mexico sind gerade den Vereinigten Staaten von Amerika beigetreten, und die Welt steht am Rande des Ersten Weltkriegs. Doch inmitten der Unsicherheit leuchtet ein Hoffnungsschimmer der internationalen Kameradschaft hell im Herzen Skandinaviens – Stockholm, Schweden, ist Gastgeber der Spiele der V. Olympiade!

Die Bühne bereiten: Stockholm tritt in Aktion

Schweden, bekannt für seine atemberaubende natürliche Schönheit und seinen fortschrittlichen Geist, war begierig darauf, die Welt zu begrüßen. Stockholm, das „Venedig des Nordens", wurde als Gastgeberstadt ausgewählt, seine glitzernden Wasserstraßen und üppigen Grünflächen bildeten eine malerische Kulisse für die Spiele. Das berühmte Olympiastadion von Stockholm, mit seiner prächtigen Backsteinfassade und seinen hoch aufragenden Türmen, wurde zu einem Symbol für das Engagement der Stadt für sportliche Exzellenz.

Interessanterweise sollten dies die Spiele von 1908 sein! Italien hatte ursprünglich den Zuschlag für die Ausrichtung erhalten, wobei Rom als Stadt der Wahl ausgewählt wurde. Doch der Ausbruch des Vesuvs im Jahr 1906 zwang Italien, seine Ressourcen für den Wiederaufbau von Neapel umzuleiten. Stockholm, das bereits mit den Vorbereitungen begonnen hatte, sprang elegant ein und richtete stattdessen die Spiele von 1912 aus. So viel zur Bereitschaft für alles!

Ein Schaufenster für Innovation und Premieren

Die Olympischen Spiele von 1912 drehten sich nicht nur um sportliche Leistungen; sie waren ein Beweis für menschliche Erfindungsgabe und eine Plattform für bahnbrechende „Premieren".

Timing ist alles: Vergessen Sie Stoppuhren und Handzeitnahmen. Die Spiele von 1912 sahen die Einführung von automatischen Zeitmessgeräten für Schwimmen und Leichtathletik, die den Weg für genauere und fairere Wettkämpfe ebneten.

Kunst tritt in den Vordergrund: Schon einmal von olympischen Kunstwettbewerben gehört? Von 1912 bis 1948 wurden Medaillen für künstlerische Kreationen verliehen, die von Sport inspiriert waren. Stellen Sie sich vor, Sie gewinnen Gold für eine Skulptur oder ein Gedicht!

Frauen hinterlassen ihre Spuren: Bei den Spielen von 1912 wurde ein bedeutender Schritt in Richtung Geschlechtergleichheit im Sport gemacht. Zum ersten Mal durften Frauen an Schwimmveranstaltungen teilnehmen und veränderten damit für immer das Gesicht der Olympischen Spiele.

Stars im Stockholmer Himmel: Unvergessliche Leistungen

Bei jedem olympischen Spiel erlebt man den Aufstieg von Legenden, und die Spiele von 1912 in Stockholm waren keine Ausnahme. Hier sind ein paar Athleten, die ihren Namen in die olympische Geschichte eingraviert haben:

Hannes Kolehmainen, der „fliegende Finne": Dieser legendäre finnische Langstreckenläufer eroberte die Herzen der Zuschauer weltweit. Er holte drei Goldmedaillen und siegte über 5.000 Meter, 10.000 Meter und im kräftezehrenden Crosslauf. Sein bleibendes Vermächtnis im Langstreckenlauf brachte ihm die Ehre ein, bei den Spielen von 1952 in Helsinki den olympischen Kessel zu entzünden.

Jim Thorpe, der Allround-Champion: Jim Thorpe, ein amerikanischer Athlet mit indianischen Wurzeln, lieferte eine Leistung, die seinesgleichen suchte. Er dominierte den Fünfkampf und den Zehnkampf und gewann in beiden Disziplinen Gold. Seine außergewöhnliche Athletik führte dazu, dass König Gustav V. von Schweden ihn zum „größten Athleten der

Welt" erklärte, ein Titel, den Thorpe wahrhaft verkörperte.

Duke Kahanamoku, der hawaiianische Pionier: Stellen Sie sich vor, Sie gleiten mit unvergleichlicher Anmut und Geschwindigkeit durch das Wasser. Duke Kahanamoku aus dem damaligen Gebiet Hawaii tat genau das. Er verblüffte die Welt mit seinem Schwimmkönnen und holte Gold im 100-Meter-Freistil und Silber in der 4x200-Meter-Freistilstaffel. Kahanamokus Siege brachten ihm nicht nur olympischen Ruhm ein, sondern popularisierten auch den Sport Surfen weltweit.

Jenseits der Medaillen: Geschichten, die die Fantasie entfachen

Während Medaillen ein begehrtes Symbol des Sieges sind, liegt der wahre Geist der Olympischen Spiele in den Geschichten von Ausdauer, Sportlichkeit und unerwarteten Triumphen.

Das Marathon-Mysterium: Der Marathonlauf von 1912 erlebte eine dramatische Wendung, als der portugiesische Läufer Francisco Lázaro aufgrund eines Hitzschlags tragisch zusammenbrach und starb. Inmitten der Tragödie verschwand ein japanischer Läufer, Shizo Kanaguri, während des Laufs. Später stellte sich heraus, dass er aufgrund von Erschöpfung eine Pause eingelegt hatte und den Lauf am nächsten Tag unbemerkt von den Beamten beendet hatte. 54 Jahre später wurde er offiziell als Marathon-Finisher anerkannt, was beweist, dass Ausdauer keine Grenzen kennt.

Der amerikanische Scharfschütze und sein Glücksnadel: Stellen Sie sich vor, Sie gewinnen eine olympische Medaille dank einer geliehenen Sicherheitsnadel. Genau das geschah mit dem amerikanischen Schützen Alfred Lane. Während des Wettbewerbs bemerkte Lane, dass er seine Schützenjacke vergessen hatte. Ein Teamkollege lieh ihm seine, aber sie war zu groß. Ein schnell denkender Beamter kam zur Rettung und benutzte eine Sicherheitsnadel, um die Jacke anzupassen, sodass Lane sich konzentrieren und Gold im 25-Meter-Schnellfeuerpistolenwettkampf gewinnen konnte!

Ein Vermächtnis sportlicher Exzellenz

Die Spiele von 1912 in Stockholm, trotz des drohenden Schattens des Krieges, hinterließen einen unauslöschlichen Eindruck in der olympischen Geschichte. Diese Spiele waren mehr als nur ein sportliches Ereignis; sie waren ein Beweis für menschliche Widerstandsfähigkeit, Innovation und die vereinigende Kraft des Sports. Die Geschichten von außergewöhnlichen Athleten, unerwarteten Ereignissen und bahnbrechenden Leistungen inspirieren auch heute noch Generationen von Athleten und Zuschauern und erinnern uns daran, dass der olympische Geist Grenzen und die Zeit selbst übersteigt.

Spiele, die nie stattfanden: Die geisterhaften Olympischen Spiele von 1916

Alle vier Jahre hält die Welt den Atem an, gefesselt vom Spektakel der Olympischen Spiele. Aber wussten Sie, dass es ein Jahr in der olympischen Geschichte gibt, das in Stille gehüllt ist, ein Jahr, in dem der Geist des Wettbewerbs tragisch ausgelöscht wurde? Dies, lieber Leser, ist die Geschichte der Spiele von 1916, Olympische Spiele, die nie stattfanden. ### Eine Stadt, bereit für Ruhm

Die Ehre, die Spiele von 1916 auszurichten, fiel an Berlin, die pulsierende Hauptstadt des Deutschen Reiches. Nachdem Berlin den Zuschlag für die Spiele von 1912 an Stockholm verloren hatte, brodelte es vor Aufregung und Entschlossenheit, die Spiele von 1916 zu den spektakulärsten aller Zeiten zu machen. Das neu erbaute Deutsche Stadion, eine prächtige Arena mit einer Kapazität von 30.000 Zuschauern, stand bereit, die Welt zu begrüßen.

Jenseits der Stadionmauern erlebte die Stadt eine Zeit immensen Wachstums und Innovation. Als weltweit führend in Wissenschaft, Technologie und Kunst war Berlin bestrebt, der Welt sein modernes Gesicht zu präsentieren. Von seinen geschäftigen Cafés und großen Boulevards bis hin zu seinen weltberühmten Museen und Theatern versprach die Stadt ein unvergessliches olympisches Erlebnis.

Der Schatten des Krieges

Leider wurden der Optimismus und die Vorfreude auf die Spiele von 1916 grausam zerstört. 1914 brach in Europa ein Konflikt von unvorstellbarem Ausmaß aus - der Erste Weltkrieg. Die Welt sah mit Entsetzen zu, wie sich der Kontinent in einen Strudel der Gewalt stürzte, und der Traum von einer friedlichen Versammlung der Nationen in Berlin wurde an den Klippen des Krieges zerschlagen.

Mit Ausbruch der Feindseligkeiten sah sich das Internationale Olympische Komitee mit einer herzzerreißenden Entscheidung konfrontiert. Wie konnte ein Fest des Sports und der Kameradschaft vor dem Hintergrund eines so verheerenden Konflikts stattfinden? Die Antwort lag natürlich auf der Hand: Es konnte nicht stattfinden. Die Spiele von 1916 in Berlin wurden offiziell abgesagt, ein Opfer eines Krieges, der alles in seinen Bann zu ziehen schien.

Eine ergreifende Erinnerung

Die Geschichte der Spiele von 1916 ist eine ergreifende Erinnerung an die Zerbrechlichkeit des Friedens und die verheerenden Auswirkungen von Konflikten. Das leere Stadion, der verstummende Jubel und die unbeleuchtete olympische Flamme dienten als greifbare Symbole einer von Krieg verzehrten Welt.

Doch selbst angesichts einer solchen Tragödie weigerte sich der Geist der Olympischen Spiele, vollständig ausgelöscht zu werden. Während die Spiele selbst abgesagt wurden, trainierten Sportler auf der ganzen Welt in jeder erdenklichen Form weiter, klammerten sich an die Hoffnung, dass eines Tages der Frieden zurückkehren und die olympische Flamme wieder hell brennen würde.

Gedenken an die nicht ausgetragenen Spiele

Auch wenn die Spiele von 1916 nie offiziell ausgetragen wurden, ist es wichtig, sie als mehr als nur eine Fußnote in der olympischen Geschichte zu betrachten. Sie stehen als Beweis für die Macht der Hoffnung und den unbezwingbaren menschlichen Geist, selbst in den dunkelsten Zeiten. Die Spiele erinnern uns daran, dass Konflikte zwar die Verfolgung sportlicher Höchstleistungen vorübergehend stören können, aber niemals das olympische Ideal - das Streben nach einer besseren Welt durch Sport - auslöschen können.

Und so bieten die Spiele von 1916 in Berlin, die nur im Bereich des Möglichen existieren, eine wichtige Lehre für uns alle: eine Lehre über die Bedeutung des

Friedens, die Sinnlosigkeit des Krieges und die unbezwingbare Kraft des menschlichen Geistes, nach einer besseren Zukunft zu streben.

Antwerpen 1920: Eine Stadt und Spiele, die mit Mut wiederaufleben

Das Jahr ist 1920. Die Welt leckt noch immer ihre Wunden von der Zerstörung des Ersten Weltkriegs. Doch inmitten der Ruinen und des Leids flackert ein Geist der Widerstandsfähigkeit auf. Dieser Geist fand seinen Leuchtfeuer in einer Stadt, die sich Stein für Stein wieder aufraffte: Antwerpen, Belgien, der stolze Gastgeber der **VII. Olympiade**.

Dies war nicht Antwerpens erster Auftritt im olympischen Rampenlicht. Die Stadt hatte die Spiele von 1916 zugesprochen bekommen, ein Traum, der durch den Ausbruch des Krieges zerschlagen wurde. Jetzt, vier Jahre später, war die Stadt bereit, ihr Versprechen einzulösen und eine Bühne für eine Welt zu bieten, die sich nach Einheit und Hoffnung sehnte.

Eine Stadt, die Narben trägt, aber nicht gebrochen ist

Antwerpen, eine geschäftige Hafenstadt, trug die Narben des Krieges. Die majestätischen Gebäude, die einst von Größe strahlten, waren vom Konflikt gezeichnet. Doch die Stadt kanalisierte ihre Energie, um sich in einen einladenden olympischen Gastgeber zu verwandeln.

Mit begrenzten Ressourcen und Zeit arbeiteten die Menschen in Antwerpen unermüdlich. Sportstätten wurden gebaut, Unterkünfte für Sportler eingerichtet und die Stadt putzte sich in ihr festliches Gewand. Das Olympische Stadion, das Herz der Spiele, wurde in bemerkenswerten sechs Monaten gebaut! Obwohl es im Vergleich zu früheren olympischen Stadien bescheiden war, strahlte es Wärme und einen Geist des gemeinsamen Engagements aus.

Ein Wandteppich aus Triumph und Einheit

Die Spiele von 1920 begrüßten 29 Nationen, ein Beweis für die verbindende Kraft des Sports in einer zerrissenen Welt. Trotz der Abwesenheit Deutschlands, Österreichs, Ungarns, Bulgariens und der Türkei - Nationen, die die Hauptlast der Kriegsanklagen trugen - waren die Spiele ein Spektakel der Athletik und Kameradschaft.

Wussten Sie schon? Dies waren die ersten Olympischen Spiele, bei denen die **olympische Flagge** mit ihren fünf Ringen, die die Kontinente repräsentieren, gehisst wurde! Die fünf Ringe, ineinander verschlungen in Blau, Gelb, Schwarz, Grün und Rot auf weißem Grund, symbolisieren die Einheit der Nationen und die Universalität des olympischen Geistes.

Und wer könnte den **olympischen Eid** vergessen, der erstmals bei den Antwerpener Spielen gesprochen wurde? Dieses feierliche Versprechen, das ein Sportler im Namen aller Teilnehmer sprach, betonte Fair Play und den wahren Geist der Sportlichkeit. Es war eine kraftvolle Botschaft der Einheit und Hoffnung, die durch das gesamte Stadion hallte.

Illustre Leistungen und unvergessliche Momente

Die Spiele von 1920 in Antwerpen waren eine Bühne für bemerkenswerte sportliche Leistungen. Begeben wir uns auf eine Reise in die Vergangenheit und erleben wir einige der faszinierendsten Momente noch einmal:

1. Der fliegende Finne erhebt sich in die Lüfte: Paavo Nurmi, der legendäre „fliegende Finne", gab in Antwerpen sein olympisches Debüt und gewann drei Goldmedaillen in Langstreckenlaufdisziplinen. Dies war der Beginn einer glorreichen Karriere, die Nurmi zu einem der gefeiertsten Sportler aller Zeiten machen sollte.

2. Der jüngste Champion schreibt Geschichte: Stellen Sie sich vor, Sie gewinnen mit nur 12 Jahren eine olympische Goldmedaille! Genau das geschah bei den Antwerpener Spielen. Der belgische Fechter Nedo Nadi gewann fünf Goldmedaillen und festigte seinen Platz in der Geschichte als Fechtlegende.

3. Amerikanische Frauen hinterlassen ihre Spuren: Die Spiele von 1920 erlebten den Aufstieg amerikanischer Frauen im olympischen Schwimmen. Ethelda Bleibtrey gewann drei Einzelgoldmedaillen und stellte in jedem Wettbewerb Weltrekorde auf, was den Weg für zukünftige Generationen von Athletinnen ebnete.

4. Ein Tauziehen-Thriller: Der Tauzieh-Wettbewerb, damals ein Publikumsliebling, bot ein spannendes Spektakel. Großbritannien siegte schließlich, aber nicht ohne ein spannendes Finale gegen ein starkes niederländisches Team.

5. Über die Spiele hinaus: Die Antwerpener Olympischen Spiele waren nicht nur Medaillen und Rekorde. Sie waren ein Fest der Widerstandsfähigkeit, der Förderung internationaler Freundschaft und eine Erinnerung an die verbindende Kraft des Sports. Die Spiele wurden zu einem Symbol der Hoffnung und erinnerten alle daran, dass selbst in den dunkelsten Zeiten der menschliche Geist siegen kann.

Ein Erbe, das in die Zeit eingeätzt ist

Die Spiele von 1920 in Antwerpen waren vielleicht nicht die großartigsten oder extravagantesten, aber sie hatten einen besonderen Platz in der olympischen Geschichte. Sie zeigten die Macht des Sports, zu heilen, zu vereinen und zu inspirieren. Sie zeigten den unbezwingbaren Geist einer Stadt, die sich weigerte, vom Krieg definiert zu werden. Und sie erinnerten die Welt daran, dass selbst inmitten der Ruinen die Hoffnung erblühen kann. Die Antwerpener Spiele waren ein Beweis für die Fähigkeit des menschlichen Geistes, Widrigkeiten zu überwinden und stärker, verbundener und bereit für die Zukunft hervorzugehen.

Ein Pariser Fest: Die Olympischen Spiele von 1924 enthüllen

Das Jahr ist 1924. Der Schatten des Großen Krieges schwebt noch immer schwer über der Welt, eine schlagkräftige Erinnerung an die Zerbrechlichkeit des Friedens. Doch inmitten der Narben des Konflikts erblüht ein Geist der Widerstandsfähigkeit. In dieser Atmosphäre, geladen mit Hoffnung und Durst nach Einheit, kehrten die Olympischen Spiele auf ihre rechtmäßige Bühne zurück, dieses Mal in der Stadt der Lichter - Paris!

Paris: Der erste Gastgeber der Spiele, der zweimal ausrichtete

Paris, mit seinem unbestreitbaren Charme und seinem kulturellen Reichtum, hatte die Ehre, als erste Stadt die Olympischen Spiele zweimal auszurichten. Das letzte Mal, als die olympische Flamme auf Pariser Boden gebrannt hatte, war 1900, eine ferne Erinnerung. Die Stadt war begierig darauf, ihren Geist, ihre

Lebensfreude und ihr Engagement für die olympischen Ideale von Frieden und Sportlichkeit zu präsentieren.

Die Spiele fanden vom 4. Mai bis 27. Juli 1924 statt und wurden offiziell als „Spiele der VIII. Olympiade" bezeichnet. Die Eröffnungsfeier fand im prächtigen Stade Olympique de Colombes statt, einem Stadion, das speziell für die Spiele gebaut wurde. Diesmal wurde eine Tradition geboren - das olympische Motto „Citius, Altius, Fortius" (Schneller, Höher, Stärker) hallte zum ersten Mal wider und bereitete den Weg für unzählige inspirierende Leistungen, die noch kommen sollten.

Ein Wandteppich aus Triumph und Kameradschaft

Die Spiele von 1924 in Paris begrüßten 44 Nationen und über 3.000 Sportler - die größte Teilnehmerzahl in der olympischen Geschichte bis zu diesem Zeitpunkt. Es war ein wahrhaft globales Treffen, bei dem Athleten in 126 Wettbewerben in 17 Sportarten antraten. Neue Sportarten wurden eingeführt, alte Rivalitäten entfacht und Legenden geboren, die alle zum Wandteppich der olympischen Überlieferung beitrugen.

Eines der bleibendsten Bilder der Spiele von 1924 ist zweifellos das von Paavo Nurmi, dem „fliegenden Finnen". Dieser legendäre Sportler dominierte die Langstreckenläufe und holte fünf Goldmedaillen im 1500 m-, 5000 m-, Cross-Country-Einzel- und Mannschaftsrennen sowie im 3000 m-Mannschaftsrennen. Stellen Sie sich die unglaubliche Zähigkeit und Ausdauer vor, die es gebraucht haben muss, um eine solche Leistung zu vollbringen!

Ein weiterer ikonischer Moment war die Leistung von Johnny Weissmuller, einem amerikanischen Schwimmer, der für Hollywood-Ruhm bestimmt war. Weissmuller, der später die Zuschauer als Tarzan in seinen Bann ziehen sollte, sorgte bei den Spielen für Furore, indem er drei Goldmedaillen im 100 m und 400 m Freistil sowie in der 4x200 m Freistilstaffel gewann. Zu seiner beeindruckenden Sammlung fügte er sogar noch eine Bronzemedaille im Wasserball hinzu!

Die Spiele von 1924 erlebten auch den Aufstieg einer neuen Generation von Athletinnen, die Stereotypen durchbrachen und ihre Fähigkeiten auf der Weltbühne unter Beweis stellten. Obwohl die Teilnahme von Frauen noch begrenzt war, machten sie sich in Sportarten wie Schwimmen, Fechten und Tennis bemerkbar.

Jenseits des Podests: Geschichten, die Herzen berührten

Während Medaillen und Rekorde einen besonderen Platz in der olympischen Geschichte einnehmen, sind es oft die menschlichen Geschichten, die Momente des Triumphes über Widrigkeiten und die Beispiele für Sportlichkeit, die unsere Fantasie wirklich gefangen nehmen.

Eine solche Geschichte aus den Spielen von 1924 handelt von dem mutigen britischen Läufer Eric Liddell, der sich weigerte, im 100-Meter-Lauf, seiner Lieblingsdisziplin, anzutreten, weil dieser an einem Sonntag angesetzt war. Liddell, ein gläubiger Christ, entschied sich dafür, seinem Glauben Ehre zu erweisen und lief stattdessen den 400-Meter-Lauf, den er unerwartet gewann. Seine Geschichte von Glauben und Überzeugung wurde später in dem Oscar-prämierten Film „Chariots of Fire" verewigt.

Die Spiele von 1924 bescherten uns auch die Geschichte des „menschlichen Pferdes", des tschechischen Läufers Zátopek. Nein, er sah nicht wirklich wie ein Pferd aus, aber seine unorthodoxen und anstrengenden Trainingsmethoden, zu denen auch das Laufen mit Armeestiefeln im Schnee gehörte, machten ihn zu einem Spektakel. Obwohl er in Paris keine Medaillen gewann, deutete seine Hingabe und sein unkonventioneller Trainingsansatz seinen zukünftigen olympischen Ruhm voraus.

Ein Erbe der Freude und Erneuerung

Die Spiele von 1924 in Paris drehten sich nicht nur um sportliche Leistungen; sie repräsentierten etwas viel Bedeutsameres. In einer Welt, die noch immer von den Wunden des Krieges heilte, waren die Spiele eine ergreifende Erinnerung an die Macht der Einheit, der Widerstandsfähigkeit und des Strebens nach Exzellenz.

Als die olympische Flamme in Paris gelöscht wurde, hinterließ sie ein Erbe der Hoffnung und des Optimismus und erinnerte die Welt daran, dass selbst angesichts von Widrigkeiten der menschliche Geist siegen kann. Die Spiele hatten sich erneut als ein Fest unserer gemeinsamen Menschlichkeit erwiesen, ein Beweis für die verbindende Kraft des Sports. Und so verabschiedete sich Paris, für immer in die olympische Geschichte eingeätzt als die Stadt, die die Spiele der

Erneuerung und der wiedererwachten Hoffnung ausrichtete.

Eine niederländische Freude: Die Olympischen Spiele von 1928 in Amsterdam

Das Jahr ist 1928. Die jazzigen Melodien der Goldenen Zwanziger Jahre erfüllen die Luft, Flatterkleider wirbeln auf Tanzflächen und ein Gefühl des Optimismus, durchzogen von den Erinnerungen an einen verheerenden Krieg, schwebt in der Schwebe. Im Herzen dieses pulsierenden Jahrzehnts fanden die Olympischen Spiele ein einladendes Zuhause in Amsterdam, Niederlande, und markierten eine Rückkehr zur Normalität und ein Fest der Widerstandsfähigkeit.

Der Damm im Rampenlicht

Amsterdam, bekannt für seine charmanten Grachten, malerischen Häuser und sein künstlerisches Erbe, nahm die Spiele mit offenen Armen an. Die Stadt pulsierte vor Aufregung und verwandelte sich in eine globale Bühne für sportliche Höchstleistungen. Die Olympischen Spiele von 1928 waren die ersten, deren Eröffnungszeremonie gefilmt wurde, was die freudige Parade der Sportler und das symbolische Entzünden der olympischen Flamme festhielt und den Moment für immer in die Geschichte eingravierte.

Die Spiele drehten sich um ein brandneues Stadion, das treffend Olympisch Stadion genannt wurde. Diese prächtige Arena, mit ihrem innovativen Design und einer Kapazität von 31.600 Zuschauern, wurde zum pulsierenden Herzen der Veranstaltung. Es waren nicht nur Steine und Mörtel; es war ein Symbol für Amsterdams Hingabe an den olympischen Geist.

Echos einer Welt, die sich erholt

Die Olympischen Spiele von 1928 waren aus Gründen jenseits der sportlichen Arena von Bedeutung. Nachdem der Schatten des Ersten Weltkriegs die Absage der Spiele von 1916 erzwungen hatte, markierte Amsterdam 1928 eine triumphale Rückkehr auf die internationale Bühne. Es war ein starkes Symbol für Einheit und Frieden, ein Beweis für den unbezwingbaren Geist der Menschheit, der sich über Konflikte erhebt.

Zum ersten Mal seit 1904 wurde Deutschland, das aufgrund seiner Rolle im Krieg von den vorherigen Spielen ausgeschlossen war, wieder eingeladen. Diese Geste der Versöhnung, wenn auch mit einigem Streit verbunden, war ein entscheidender Schritt, um die Wunden der Vergangenheit zu heilen und das Verständnis zwischen den Nationen zu fördern.

Frauen rücken in den Mittelpunkt

Die Olympischen Spiele von 1928 erlebten einen bedeutenden Wandel in der Rolle von Frauen im Sport. Zum ersten Mal durften Frauen an Leichtathletik-Wettbewerben teilnehmen, was die lange gehegte Vorstellung zerschmetterte, dass solche Aktivitäten für sie ungeeignet seien. Diese bahnbrechende Entscheidung öffnete Türen und ebnete den Weg für zukünftige Generationen von Athletinnen, ihren olympischen Träumen nachzujagen.

Eines der bleibendsten Bilder aus Amsterdam 1928 ist das der kanadischen Fanny „Bobbie" Rosenfeld, die im 4x100-Meter-Staffellauf auf die Ziellinie zurennt, ihr Gesicht ist von Entschlossenheit geprägt. Rosenfeld, eine vielseitige Athletin, die an mehreren Disziplinen teilnahm, wurde zu einem Symbol für weibliche Ermächtigung und Athletik und bewies, dass Frauen nicht nur teilnehmen, sondern auch auf der Weltbühne brillieren können.

Die fliegenden Finnen ergreifen die Flucht

Die Spiele von 1928 waren auch bemerkenswert für die Dominanz einer Gruppe von Sportlern, die die Fantasie der Welt fesselten - die „fliegenden Finnen". Diese talentierte Gruppe finnischer Langstreckenläufer, angeführt von dem legendären Paavo Nurmi, eroberte die Leichtathletik-Welt im Sturm.

Nurmi, der wegen seiner fast übernatürlichen Ausdauer den Spitznamen „Phantom-Finne" trug, zementierte seinen Platz in der olympischen Geschichte, indem er im 10.000-Meter-Lauf Gold gewann und seiner ohnehin beeindruckenden Medaillensammlung zwei weitere Goldmedaillen hinzufügte. Der Erfolg der fliegenden Finnen war nicht nur auf individuelles Können zurückzuführen; er spiegelte eine nationale Kultur wider, die Ausdauer und Beharrlichkeit schätzte und eine Generation von Läufern in Finnland und darüber hinaus inspirierte.

Geschichten von Triumph und Kummer

Jede Olympiade ist ein Wandteppich, der mit Geschichten von Triumph und Kummer gewebt ist, und Amsterdam 1928 war keine Ausnahme. Eine solche Geschichte, die Herzen gefangen nahm, war die der japanischen Marathonläufer Kanakuri Shizo und Kitei Son.

Kanakuri brach während des Marathons vor Erschöpfung und der sengenden Hitze zusammen. Er wurde von einer besorgten Familie gefunden, die ihn aufnahm und wieder gesund pflegte. Kanakuri glaubte, seine Nation geschämt zu haben, bestieg ein Schiff und kehrte ohne es jemandem zu sagen nach Japan zurück.

Fünfzig Jahre später, 1967, wurde Kanakuri von niederländischen Beamten kontaktiert und erhielt die Möglichkeit, seinen Lauf zu beenden. Bewegte von der Geste kehrte der 76-jährige Kanakuri nach Amsterdam zurück und überquerte in einer rührenden Geste der Sportlichkeit die Ziellinie mit einer Zeit von 54 Jahren, 8 Monaten, 6 Tagen, 5 Stunden, 32 Minuten und 20,3 Sekunden - die langsamste Marathonzeit der Geschichte, aber eine, die mit einer kraftvollen Botschaft von Ausdauer und dem bleibenden Geist der Olympischen Spiele verbunden war.

Ein Erbe der Innovation und des Fortschritts

Die Olympischen Spiele von 1928 in Amsterdam waren nicht nur eine Frage von Rekordleistungen; sie waren auch ein Beweis für Innovation und Fortschritt. Bei den Spielen wurde erstmals die offizielle olympische Flamme eingeführt, die in Olympia, Griechenland, entzündet und von einer Staffel von Läufern nach Amsterdam gebracht wurde. Diese Tradition, die die Kontinuität und den Geist der Spiele symbolisiert, wird bis heute fortgeführt.

Die Spiele von 1928 erlebten auch Fortschritte in der Rundfunktechnik. Zum ersten Mal übertrugen Radioübertragungen die Spannung der Ereignisse an Zuschauer auf der ganzen Welt und brachten den olympischen Geist in Wohnzimmer auf der ganzen Welt.

Die Amsterdamer Spiele hinterließen ein Erbe sportlicher Leistungen, kulturellen Austauschs und ein erneutes Gefühl der Hoffnung in einer Welt, die sich noch immer von den Narben des Krieges erholte. Es war ein Fest der Menschheit, eine Erinnerung daran, dass selbst angesichts von Widrigkeiten der Geist des Wettbewerbs, der Kameradschaft und des Strebens nach Exzellenz die Welt vereinen konnte. Als die olympische Flagge eingeholt wurde, hinterließ sie nicht nur Erinnerungen, sondern auch einen Entwurf für zukünftige Spiele, um die Welt zu inspirieren und zu vereinen.

Auf Gold gehen in der Stadt der Engel: Die Olympischen Spiele von 1932 in Los Angeles

Das Jahr ist 1932. Die Weltwirtschaftskrise wirft einen langen Schatten über die Welt. Doch selbst in diesen schwierigen Zeiten hielt der olympische Geist an und fand ein pulsierendes Zuhause in der sonnenverwöhnten Stadt Los Angeles, Kalifornien. Los Angeles richtete seine ersten Olympischen Spiele aus und begrüßte die Welt mit offenen Armen und einem Geist der Widerstandsfähigkeit, der alle an die Kraft des Sports erinnerte, zu vereinen und zu inspirieren.

Eine Stadt, die sich in olympischen Glanz kleidet

Los Angeles, das sich damals noch als aufstrebende Metropole etablierte, nutzte die Gelegenheit, seinen einzigartigen Charme und seine Ambitionen zu präsentieren. Eingebettet zwischen dem Pazifischen Ozean und den San Gabriel Mountains, bot die Stadt eine malerische Kulisse für die Spiele. Das legendäre Los Angeles Memorial Coliseum, das nur vier Jahre zuvor erbaut worden war, wurde zum Hauptveranstaltungsort gewählt und strahlte Größe und ein Gefühl von Geschichte aus, die im Entstehen begriffen war.

Echos der Vergangenheit, Saat der Zukunft

Die Spiele von 1932 markierten das erste Mal, dass viele olympische Traditionen eingeführt wurden, die wir heute als selbstverständlich betrachten. Dies waren die ersten Olympischen Spiele, bei denen es ein Podium für die Medaillengewinner gab, so dass die Welt den Stolz und die Emotionen der Athleten miterleben konnte, als sie ihre hart erkämpften Belohnungen erhielten.

Um den Hollywood-Glamour zu unterstreichen, führten die Spiele von Los Angeles auch das Siegespodest ein, wie wir es heute kennen, mit dem Goldmedaillengewinner auf der höchsten Plattform. Auf dem Podium wurden die Sieger nicht nur von ihren Nationalhymnen, sondern auch von der Hissung ihrer Nationalflaggen begrüßt - eine Tradition, die bis heute Herzen bewegt und patriotischen Eifer entfacht.

Die globale Wirtschaftskrise der Weltwirtschaftskrise wirkte sich zweifellos auf die Spiele aus. Weniger Nationen (37 im Vergleich zu 46 im Jahr 1928) konnten Athleten entsenden, und die Gesamtzahl der Teilnehmer war weniger als die Hälfte der vorherigen Olympischen Spiele.

Doch die Spiele von Los Angeles zeigten den Geist der Innovation und der Einfallsreichtums. Um die Athleten unterzubringen, errichteten die Organisatoren das Olympische Dorf, ein bahnbrechendes Konzept, das den Teilnehmern Unterkunft und Annehmlichkeiten bot. Dies markierte den Beginn der speziellen olympischen Dörfer, die wir heute bei jedem Spiel sehen.

Die Spiele von 1932 in Los Angeles erlebten eine Konstellation bemerkenswerter Sportler, die ihren Namen in die olympische Geschichte eingravierten.

„Baby Ruth" schlägt Wellen: Im Schwimmen eroberte eine junge amerikanische Sensation namens Helene Madison die Herzen der Zuschauer. Madison, die wegen ihrer Ähnlichkeit mit dem berühmten Baseballspieler Babe Ruth den Spitznamen „Baby Ruth" trug, stürmte im 100-Meter-Freistil, 400-Meter-Freistil und in der 4x100-Meter-Freistilstaffel zum Sieg und wurde zur ersten Frau, die bei einem einzigen olympischen Spiel drei Einzelgoldmedaillen im Schwimmen gewann.

Der fliegende Finne erhebt sich in die Lüfte: Auf der Bahn strebte der legendäre Paavo Nurmi aus Finnland danach, seine beeindruckende Medaillensammlung zu erweitern. Doch es kam zu Kontroversen, als die IAAF (International Amateur Athletics Federation) ihn zum Profi erklärte, ihm seinen Amateurstatus entzog und ihn daran hinderte, an seinem letzten Rennen teilzunehmen. Trotz dieses Rückschlags blieb Nürmis Vermächtnis als einer der größten Langstreckenläufer aller Zeiten erhalten.

Owens' Vorläufer: Ein Stern wird geboren: Eddie Tolan, ein afroamerikanischer Sprinter, raste über die 100-Meter- und 200-Meter-Strecken und holte in beiden Disziplinen Gold und wurde zu einem Symbol für Geschwindigkeit und Athletik. Tolans Siege dienten als Vorläufer für Jesse Owens' legendäre Leistung bei den Olympischen Spielen 1936 in Berlin.

Ein Marathon für die Geschichtsbücher: Der Marathon liefert immer Momente der Dramatik und Inspiration, und das Rennen von 1932 war keine Ausnahme. Der Argentinier Juan Carlos Zabala, ein virtueller Unbekannter auf der Weltbühne, verblüffte alle, indem er in den letzten Phasen des Rennens die Führung übernahm. Sein unerwarteter Sieg, erzielt mit einem kraftvollen Endspurt, wurde zu einem Beweis für Ausdauer und die Unberechenbarkeit des Sports.

Mehr als Medaillen: Geschichten der Sportlichkeit

Die Spiele von 1932 waren voller Momente, die den Wettbewerb transzendierten und den wahren Geist der Sportlichkeit zeigten.

Ein solcher Moment betraf Mildred „Babe" Didrikson, eine vielseitige amerikanische Athletin, die im Basketball, Baseball und in der Leichtathletik brillierte. Obwohl Frauen zu dieser Zeit nur an drei Leichtathletik-Disziplinen teilnehmen durften, dominierte Didrikson ihre gewählten Disziplinen - die 80-Meter-Hürden, den Speerwurf und den Hochsprung, und gewann zwei Goldmedaillen und eine Silbermedaille. Ihre elektrisierenden Leistungen und ihre ansteckende Begeisterung fesselten die Zuschauer und festigten ihren Status als eine der größten Athletinnen aller Zeiten.

Ein Erbe der Ausdauer und Hoffnung

Die Spiele von 1932 in Los Angeles waren mehr als nur ein Sportevent; sie waren ein Beweis für die anhaltende Kraft des menschlichen Geistes. Trotz der Härten der Weltwirtschaftskrise boten die Spiele ein Leuchtfeuer der Hoffnung und eine Erinnerung an die verbindende Kraft des Sports. Los Angeles, eine Stadt, die für ihre Träume und Bestrebungen bekannt ist, war der Herausforderung gewachsen und hatte Olympische Spiele ausgerichtet, die Widerstandsfähigkeit, Innovation und das Streben nach Exzellenz feierten. Die Echos dieser Spiele hallen bis heute nach und erinnern uns daran, dass selbst angesichts von Widrigkeiten der olympische Geist hell erstrahlen kann und einen Weg zu einer besseren, vereinten Zukunft erhellt.

Der Geist der Spiele liegt nicht nur in Siegen und Rekorden, sondern in den Geschichten von Widerstandsfähigkeit, Kameradschaft und dem Streben nach Exzellenz, die Athleten und Zuschauer aus allen

Ecken der Welt vereinen. In einer Welt, die am Rande des Krieges taumelt, boten die Olympischen Spiele 1936 einen flüchtigen Hoffnungsschimmer und erinnerten uns an die gemeinsame Menschlichkeit, die uns alle verbindet.

Spiele, die nie waren: Die Geschichte der Olympischen Spiele 1940

Das Jahr ist 1940. Die Welt hält den Atem an. Krieg, ein schrecklicher Sturm, hat begonnen, über den Globus zu toben und wirft einen langen Schatten auf jede Hoffnung auf Frieden und Einheit. Die Olympischen Spiele, ein Leuchtfeuer internationaler Kameradschaft und sportlicher Leistung, finden sich im Fadenkreuz dieses Konflikts wieder. Dies, lieber Leser, ist die Geschichte der Olympischen Spiele 1940 – Spiele, die nie wirklich stattfanden.

Eine Geschichte von zwei Städten

In einer perfekten Welt hätten sich die Olympischen Spiele 1940, offiziell bekannt als die Spiele der XII. Olympiade, in einem Glanz von Ruhm entfaltet. Der gewählte Gastgeber? Tokio, Japan, das zum ersten Mal die Spiele auf dem asiatischen Kontinent ausrichten würde. Stellen Sie sich die lebendige Tapisserie der japanischen Kultur vor, die in voller Pracht präsentiert wird, ein Beweis für den wachsenden globalen Einfluss des Landes.

Tokio hatte große Pläne. Neue Stadien wurden entworfen, Infrastrukturprojekte waren im Gange, und die Stadt summte vor Vorfreude. Das für die Spiele gewählte Emblem, eine stilisierte rote Fackel über den Olympischen Ringen und von Lorbeerzweigen umkreist, symbolisierte den Geist des Sieges und des Friedens. Es sollte eine Feier nicht nur des Sports, sondern auch des kulturellen Austauschs und der globalen Harmonie sein.

Das Schicksal hatte jedoch einen anderen Plan. Als die Flammen des Krieges stärker wurden, sah die Welt mit angehaltenem Atem zu. Japan, verwickelt in den Zweiten Chinesisch-Japanischen Krieg, sah sich mit zunehmendem internationalen Druck konfrontiert. Widerwillig traf es im Juli 1938 die schwierige Entscheidung, auf seine Gastgeberrolle zu verzichten.

Die olympische Flamme weigerte sich jedoch, erlöschen zu lassen. Helsinki, Finnland, eine Stadt, die für ihre Widerstandsfähigkeit und ihre Liebe zum Sport bekannt ist, sprang in die Bresche. Mit nur zwei Jahren Vorbereitungszeit begann es eine Herkulesaufgabe – die Spiele zu retten und eine Plattform für die Welt zu schaffen, um zusammenzukommen, selbst inmitten der herannahenden Dunkelheit.

Aber leider sollte es nicht sein. Bis 1939 war die Welt vollständig in den Fängen des Zweiten Weltkriegs gefangen. Der olympische Traum, einst so hell, wurde auf Eis gelegt, ein Opfer des eskalierenden Konflikts. Auch Helsinki musste seine Gastgeberrolle aufgeben, da der Schatten des Krieges immer größer wurde.

Verschobene Träume, nicht vergessen

Die Absage der Olympischen Spiele 1940 war ein schwerer Verlust für die Welt. Athleten, deren jahrelange Ausbildung in diesem einen Ereignis gipfelte, sahen ihre Träume auf Eis gelegt. Die Weltgemeinschaft, die sich nach einem Moment der Einheit und gemeinsamen Feier sehnte, kämpfte mit der harten Realität des Krieges.

Doch selbst angesichts einer solchen Widrigkeit hielt der Geist der Olympischen Spiele an. Die Athleten trainierten weiter, ihre Hingabe ein Beweis für die dauerhafte Kraft der Hoffnung. Der Traum von den Spielen, von einer durch Sport vereinten Welt, lebte weiter und wartete geduldig auf den Tag, an dem er wieder hell strahlen konnte.

Echos dessen, was hätte sein können

Obwohl die Spiele 1940 nie stattfanden, erinnern sie uns auf ergreifende Weise an die Macht und Zerbrechlichkeit des Friedens. Die Geschichten der Athleten, die unermüdlich trainierten, nur um ihre Träume zunichte gemacht zu sehen, sind sowohl herzzerreißend als auch inspirierend. Sie erinnern uns an die Widerstandsfähigkeit des menschlichen Geistes und das unerschütterliche Streben nach Exzellenz, selbst in den dunkelsten Zeiten.

Das Vermächtnis der Olympischen Spiele 1940 liegt nicht in Medaillen und Rekorden, sondern im bleibenden Geist der Spiele selbst. Sie stehen als Symbol der Hoffnung – ein Beweis für die Kraft des Sports, Grenzen zu überwinden und die Welt zu vereinen, selbst wenn alle Hoffnung verloren scheint. Und nach dem Krieg war es dieser Geist, der den Weg für die triumphale Rückkehr der Olympischen Spiele ebnen und eine neue Ära des Friedens und des Verständnisses einleiten sollte.

Spiele, die nie waren: Die Olympischen Spiele 1944 aufgeschlüsselt

Das Jahr ist 1944. Die Welt steht in Flammen. Das Dröhnen von Panzern und das Heulen von Jagdflugzeugen übertönen die jubelnden Rufe der Athleten und die feierlichen Hymnen der Nationen. Die Olympischen Spiele, die ein Leuchtfeuer der Einheit und des Friedens sein sollen, werden durch den langen Schatten des Zweiten Weltkriegs verdunkelt. Zum zweiten Mal in zwölf Jahren werden die Spiele abgesagt, eine drastische Erinnerung an die verheerende Macht des Konflikts. Doch die Geschichte der Olympischen Spiele 1944, obwohl nicht in die Annalen der sportlichen Leistungen geschrieben, ist keine Geschichte des vollkommenen Schweigens. Es ist eine Geschichte der Widerstandsfähigkeit, der Hoffnung, die auch in den dunkelsten Zeiten anhält.

Die Olympischen Spiele 1944 wurden ursprünglich London, England, zugesprochen. Dies war das zweite Mal, dass die Stadt die Spiele ausrichtete, nachdem sie bereits die Olympischen Spiele 1908 ausgerichtet hatte. Die Spiele waren für den Zeitraum vom 21. Juli bis 6. August geplant, wobei das Wembley-Stadion als Hauptort vorgesehen war. Die Rückkehr der Olympischen Spiele nach London hatte eine symbolische Bedeutung. Nach den Verwüstungen des Ersten Weltkriegs hatten die Spiele von 1908 eine Rückkehr zur Normalität repräsentiert, eine Chance für die Nationen, sich im Geiste der Sportsmanship zusammenzufinden.

Diesmal war die Hoffnung, dass die Spiele von 1944 einen ähnlichen Zweck erfüllen würden und eine Feier des Friedens und der Einheit nach den Schrecken des Zweiten Weltkriegs darstellen würden. Die Welt wusste nicht, dass der Konflikt weiter toben würde und einen langen Schatten auf die Spiele werfen und schließlich zu deren Absage führen würde.

Eine Welt im Krieg

Der Schatten des Krieges lag schwer über den Spielen von 1944. Die Welt war seit 1939 in einen Konflikt verwickelt, wobei Nationen in einem brutalen Kampf um Dominanz und Ideologie gegeneinander antraten. Als die Kämpfe sich intensivierten, wurde es immer deutlicher, dass die Durchführung der Olympischen Spiele, ein Ereignis, das auf den Idealen des Friedens und der internationalen Zusammenarbeit basiert, unmöglich sein würde.

Bis 1940, als Europa fest im Griff des Krieges war, sah sich das Internationale Olympische Komitee (IOC) der düsteren Realität gegenüber, dass die Spiele von 1944 in Gefahr waren. Die Situation verschlechterte sich, als sich der Konflikt eskalierte, was Reisen und Teilnahme für viele Athleten und Nationen unmöglich machte.

Schließlich traf das IOC im Mai 1940 die schwierige Entscheidung, die Olympischen Sommerspiele 1944 abzusagen. Es war eine düstere Anerkennung, dass die Welt noch nicht bereit für die Spiele war. Der Traum von Athleten aus aller Welt, die auf einer globalen Bühne antraten, war zerbrochen und durch die harte Realität einer Welt im Krieg ersetzt worden.

Was hätte sein können: Die imaginären Spiele

Obwohl die Olympischen Spiele 1944 nie stattfanden, ist es faszinierend, sich vorzustellen, was hätte sein können. Welche Athleten hätten die Podiumsplätze errungen? Welche Weltrekorde wären gebrochen worden? Welche Geschichten von Triumph und Ausdauer wären entstanden?

Wir können nur spekulieren. Vielleicht hätte Fanny Blankers-Koen, die „fliegende Hausfrau" aus den Niederlanden, die Laufbahn dominiert und ihre zukünftige Bilanz von vier Goldmedaillen bei den Spielen 1948 in London aufgestockt. Oder vielleicht hätte ein junger Läufer namens Emil Zátopek seinen ersten Vorgeschmack auf olympischen Ruhm gehabt und die Bühne für seine legendäre Dreifachgold-Leistung bei den Spielen 1952 in Helsinki bereitet.

Die Absage der Spiele von 1944 ist eine drastische Erinnerung an die verheerenden Auswirkungen von Konflikten. Sie ist ein Beweis für die Kraft des menschlichen Geistes, der selbst angesichts unvorstellbarer Widrigkeiten die olympische Flamme weiter flackern ließ und auf den Tag wartete, an dem sie die Weltbühne wieder erhellen könnte.

Ein Vermächtnis der Widerstandsfähigkeit

Obwohl die Spiele von 1944 nie stattfanden, ist ihre Absage keine Geschichte der Niederlage. Vielmehr ist es eine Geschichte der Widerstandsfähigkeit, ein Beweis für die dauerhafte Kraft des olympischen Geistes. Selbst als die Welt mit den Schrecken des Krieges kämpfte, blieben die Ideale von Frieden, Einheit und Sportsmanship bestehen und warteten auf den Tag, an dem sie wieder gefeiert werden könnten.

Die Absage der Olympischen Spiele 1944 ist eine eindringliche Erinnerung an die Zerbrechlichkeit des Friedens und die Bedeutung des Strebens nach einer Welt, in der der Geist der Spiele gedeihen kann. Es ist eine Erinnerung daran, dass das Streben nach sportlicher Exzellenz immer bedeutungsvoller ist, wenn es auf einem ebenen Spielfeld stattfindet, frei von den Schatten von Konflikten und Spaltung.

London ruft: Die „Sparspiele" von 1948

Das Jahr ist 1948. Der Zweite Weltkrieg mit seinem Schatten der Verwüstung und Verzweiflung ist gerade zu Ende gegangen. Die Welt sehnt sich nach einem gemeinsamen Seufzer der Erleichterung, einem Grund zur Hoffnung, einer Chance, die Menschheit wieder zu feiern. Und welche Bühne wäre besser geeignet als die Olympischen Spiele?

London, das noch immer die Narben des Krieges trägt, hat sich mutig bereit erklärt, die XIV. Olympiade auszurichten, ein Leuchtfeuer der Widerstandsfähigkeit in einer Welt, die sich nach Frieden sehnt. Die Olympischen Spiele 1948 in London, die aufgrund der harten Nachkriegsrealitäten als „Sparspiele" bezeichnet wurden, waren ein Beweis für den unbezwingbaren Geist der Menschheit und bewiesen, dass selbst angesichts von Widrigkeiten das Streben nach sportlicher Exzellenz Nationen vereinen konnte.

Eine wiederaufgebaute Stadt, ein wiedererwachter Geist

Die Narben des Krieges waren in London überall sichtbar. Bombengeschädigte Gebäude standen noch immer als drastische Erinnerung an den Konflikt, und die Rationierung war eine Lebensweise. Baumaterialien waren knapp, und Luxus war ein ferner Traum. Die großen Stadien und extravaganten Zeremonien, die die Olympischen Spiele normalerweise kennzeichneten, waren einfach nicht möglich.

Doch die Londoner, mit ihrem charakteristischen Mut und ihrer Entschlossenheit, stellten sich der Herausforderung. Das Wembley-Stadion, obwohl nicht speziell für die Spiele gebaut, wurde zum Herzen des Geschehens und beherbergte die Eröffnungszeremonie, Leichtathletikveranstaltungen und Fußballfinals. Andere Austragungsorte, wie der Empire Pool (Schwimmen) und die Empress Hall (Boxen), wurden für die Spiele umgestaltet und zeigten Einfallsreichtum statt Opulenz.

Die Athleten selbst sahen sich mit ihren eigenen Herausforderungen konfrontiert. Viele kamen in London an, nachdem sie Jahre der Not und eingeschränkter Trainingsmöglichkeiten durchgemacht hatten. Lebensmittel waren noch immer rationiert, und den Athleten wurden die gleichen bescheidenen Portionen wie der lokalen Bevölkerung zugeteilt. Die Unterkünfte waren einfach, die Athleten wurden in Militärlagern, Schulen und sogar in Privatwohnungen untergebracht.

Triumph über Widrigkeiten

Trotz der Herausforderungen waren die Olympischen Spiele 1948 in London ein durchschlagender Erfolg. Insgesamt nahmen 59 Nationen und 4.104 Athleten, eine bemerkenswerte Teilnehmerzahl angesichts der Umstände, an 136 Veranstaltungen in 17 Sportarten teil.

Die Spiele waren ein Schaufenster für außergewöhnliche menschliche Geschichten. Die niederländische Läuferin Fanny Blankers-Koen, eine 30-jährige Mutter von zwei Kindern, widersetzte sich den Erwartungen und gesellschaftlichen Normen und gewann vier Goldmedaillen in der Leichtathletik, was ihr den Spitznamen „Die fliegende Hausfrau" einbrachte.

Es gab die Geschichte von Emil Zátopek aus der Tschechoslowakei, der Gold über 10.000 Meter und Silber über 5.000 Meter gewann, obwohl er die meisten seiner Trainingskilometer barfuß zurücklegte, da es an Schuhen mangelte. Und wer kann das ikonische Bild der amerikanischen Hochspringerin Alice Coachman vergessen, der ersten schwarzen Frau, die eine olympische Goldmedaille gewann, wie sie über die Latte schwebte und einen Sieg nicht nur im Sport, sondern auch gegen Rassendiskriminierung symbolisierte?

Ein Symbol der Hoffnung und der Einheit

Die Olympischen Spiele 1948 in London übertrafen den Bereich des Sports. Sie wurden zu einem Symbol der Hoffnung, der Widerstandsfähigkeit und der vereinigenden Kraft menschlichen Engagements. Für einen kurzen Moment legte die Welt ihre Differenzen beiseite und kam im Geiste des Wettbewerbs und der Kameradschaft zusammen.

Diese Spiele markierten die Rückkehr Deutschlands und Japans in die olympische Familie, nachdem sie aufgrund ihrer Rolle im Krieg von den Spielen 1948 ausgeschlossen worden waren. Diese Reintegration, die nicht ohne Kontroversen blieb, war ein wichtiger Schritt in Richtung Heilung und Versöhnung.

Die Olympischen Spiele 1948 in London waren vielleicht nicht die extravagantesten oder glamourösesten, aber sie gehörten wohl zu den bedeutendsten. Sie verkörperten den olympischen Geist in seiner reinsten Form und erinnerten die Welt daran, dass selbst in den dunkelsten Zeiten der menschliche Geist, wie die olympische Flamme, niemals ausgelöscht werden konnte.

Wissenswertes über die Olympischen Spiele 1948 in London:

- **Kein Olympisches Dorf:** Aufgrund der Nachkriegswohnungsnot gab es kein offizielles Olympisches Dorf. Die Athleten wurden in verschiedenen Unterkünften in ganz London untergebracht.
- **Kartonbetten:** Um Ressourcen zu schonen, schliefen die Athleten auf Betten, die teilweise aus Pappe bestanden!
- **Maskottchen der „Sparspiele":** Das offizielle Maskottchen war eine Figur namens „Mr. Austerity", die in Sportkleidung aus geflicktem Stoff gekleidet war und die damalige Zeit widerspiegelte.
- **Erste Fernsehübertragung der Spiele in Großbritannien:** Die Olympischen Spiele 1948

in London waren die ersten, die in Großbritannien im Fernsehen übertragen wurden, wobei die Übertragungen jedoch begrenzt waren.

- **Frauenbeteiligung:** Eine Rekordzahl von Frauen (90) nahm an den Spielen 1948 teil, was eine wachsende Anerkennung von Frauen im Sport markierte.

Helsinki 1952: Eine Stadt der Saunen und des Sportsgeistes

Das Jahr ist 1952. Die Welt heilt langsam von den Wunden des Zweiten Weltkriegs. Und vor diesem Hintergrund der Wiederherstellung und des Wiederaufbaus entzündet sich die olympische Flamme wieder und wirft einen warmen Schein auf die Stadt Helsinki, Finnland.

Ein nordischer Empfang

Finnland, ein Land mit schimmernden Seen und grünen Wäldern, war eine passende Wahl für diese Nachkriegsolympiade. Die Hauptstadt Helsinki, ein charmanter Mix aus neoklassizistischer Architektur und modernem Design, öffnete der Welt seine Arme.

Die Finnen, bekannt für ihre Widerstandsfähigkeit und ihre Liebe zur Natur, waren begeisterte Gastgeber. Sie sahen die Spiele als Chance, den Geist ihrer Nation zu präsentieren und zum globalen Geist der Einheit beizutragen. Das Olympiastadion mit seinem ikonischen

Turm, der zu einem Symbol der Stadt geworden ist, summte vor Vorfreude.

Echos von Krieg und Politik

Die Spiele von 1952 waren nicht ohne ihre Komplexitäten. Der Kalte Krieg brodelte und warf einen langen Schatten auf die Spiele. Zum ersten Mal nahmen Athleten aus der Sowjetunion teil, was einen bedeutenden Moment in der olympischen Geschichte markierte. Der Wettkampf zwischen der Sowjetunion und den Vereinigten Staaten, sowohl auf als auch außerhalb des Spielfelds, fügte dem Ereignis eine weitere Ebene von Dramatik hinzu.

Zu den politischen Unterströmungen gesellte sich noch die Tatsache, dass Deutschland, das immer noch unter den Folgen des Krieges litt, von einem geteilten Team vertreten wurde. Athleten aus Westdeutschland nahmen unabhängig teil, während Ostdeutschland nicht eingeladen war. Dies spiegelte die größeren geopolitischen Realitäten der damaligen Zeit wider und unterstrich die Rolle der Spiele als Spiegel des Weltgeschehens.

Sportliche Leistungen und unvergessliche Momente

Trotz des politischen Hintergrunds begeisterten die Athleten von Helsinki 1952 die Welt mit ihrem Engagement und ihrem Talent.

Der „fliegende Finne" erhebt sich wieder zum Flug (erneut!)

Die elektrisierendste Geschichte war zweifellos die von Paavo Nurmi, dem legendären „fliegenden Finnen". Nurmi, ein neunfacher Olympiasieger im Langstreckenlauf, hatte zuletzt 1928 an den Spielen teilgenommen. Jetzt, in seinem Heimatland, wurde ihm die immense Ehre zuteil, den olympischen Kessel zu entzünden, eine symbolische Weitergabe der Fackel an eine neue Generation.

Tschechoslowakische Entschlossenheit

Die Geschichte von Emil Zátopek, dem tschechoslowakischen Läufer, ist eine für die Ewigkeit. Zátopek, bekannt für seine anstrengenden Trainingsmethoden (zu denen Laufen in Armeestiefeln und durch Schneewehen gehörte!), erreichte eine bemerkenswerte Leistung. Er gewann Gold über 5.000 Meter, 10.000 Meter und Marathon – eine Leistung, die weder zuvor noch danach vollbracht wurde. Noch herzerwärmender? Er jubelte seiner Frau Dana Zátopková zu, als sie am selben Tag, an dem er seinen Marathon gewann, Gold im Speerwurf gewann!

Eine Schwimmsensation

Im Schwimmbecken kam eine 17-jährige ungarische Schwimmerin, Éva Székely, zum Vorschein. Sie pulverisierte den Weltrekord über 200 Meter Brustschwimmen, eroberte die Herzen der Zuschauer und festigte ihren Platz unter den Großen. Ihre Freude, als sie den Zielstrich erreichte, einen ganzen Körperlängen vor ihren Konkurrentinnen, verkörperte den reinen Geist der Spiele.

Die „Erstlingswerke" kommen immer wieder

Helsinki 1952 war ein Spiel voller „Erstlingswerke". Es war das erste Mal, dass Frauen aus der Sowjetunion und Israel an den Olympischen Spielen teilnahmen. Es war die Premiere des Mannschaftswettbewerbs im Frauenturnen, bei dem die Sowjetunion Gold holte. Diese „Erstlingswerke" drehten sich nicht nur um sportliche Leistungen; sie symbolisierten sich verändernde gesellschaftliche Normen und sich erweiternde Möglichkeiten für Athleten weltweit.

Ein Vermächtnis der Wärme und der Widerstandsfähigkeit

Die Olympischen Spiele 1952 in Helsinki waren viel mehr als nur ein Sportereignis; sie waren ein Beweis für die Fähigkeit des menschlichen Geistes, selbst angesichts von Widrigkeiten Hoffnung und Einheit zu finden. Die Spiele zeigten die Kraft des Sports, politische Grenzen zu überwinden und Generationen zu inspirieren.

Als die olympische Flamme in Helsinki erlosch, hinterließ sie ein Vermächtnis der Wärme und der Widerstandsfähigkeit, eine Erinnerung daran, dass selbst in einer Welt, die sich bemüht, sich wieder aufzubauen, das Streben nach Exzellenz und der Geist der Kameradschaft durchscheinen können. Es diente als eine eindringliche Erinnerung an die verbindende Kraft des Sports und seine Fähigkeit, selbst die dunkelsten Zeiten zu erhellen. Helsinki, die Stadt der Saunen und des Sisu (das finnische Wort für Mut und Entschlossenheit), hatte sich als würdiger Gastgeber erwiesen und der sich ständig entwickelnden

Geschichte der Olympischen Spiele ein eigenes, einzigartiges Kapitel hinzugefügt.

Down Under und neue Höhen erreichen: Die Olympischen Spiele 1956 in Melbourne

Das Jahr ist 1956. Elvis Presley steht an der Spitze der Charts, eine Gallone Benzin kostet nur 22 Cent, und die Welt ist gefesselt von den Geschichten, die sich bei der XVI. Olympiade in Melbourne, Australien, entfalten. Zum ersten Mal reiste die olympische Flamme in die südliche Hemisphäre und brachte mit ihr einen Geist internationaler Kameradschaft und eine gesunde Dosis australischen Charmes.

AU Ein Kontinent nimmt die Spiele an AU

Stellen Sie sich den Trubel vor!. Melbourne, eine Stadt, die für ihre elegante viktorianische Architektur und ihre

Liebe zum Sport bekannt ist, verwandelte sich in eine pulsierende olympische Drehscheibe. Während es heute für Australien selbstverständlich ist, die Spiele auszurichten, war es 1956 ein bahnbrechendes Ereignis für den gesamten Kontinent. Dies drehte sich nicht nur um sportliche Leistungen; es ging darum, den Geist einer jungen Nation auf der Weltbühne zu präsentieren.

🌐 Hindernisse überwinden: Spiele, die von der Geschichte geprägt sind 🌍

Der Weg zu den Olympischen Spielen 1956 war nicht ohne Hindernisse. Der Schatten des Zweiten Weltkriegs hing immer noch schwer über der Welt, und die internationalen Spannungen, insbesondere der Kalte Krieg, waren hoch. Hinzu kamen logistische Herausforderungen – die Beförderung von Athleten und Ausrüstung über den Globus in den 1950er Jahren war keine leichte Aufgabe!. Doch der olympische Geist siegte.

- **Das Boykottproblem:** Politische Spannungen führten dazu, dass mehrere Nationen, darunter Ägypten, Irak, Libanon und die Niederlande, die Spiele aus Protest gegen die Beteiligung der Sowjetunion an der Ungarischen Revolution und der Suez-Krise boykottierten. Trotz dieser Herausforderungen fanden die Olympischen Spiele 1956 statt und bewiesen, dass das Streben nach sportlicher Exzellenz politische Differenzen manchmal übertreffen konnte.
- **Pferdequearantäne:** Australien, bekannt für seinen Schutz des Ökosystems, hatte strenge

Quarantäneregeln für Tiere. Dies stellte ein Problem für die Reitsportveranstaltungen dar, die traditionell parallel zu den Sommerspielen ausgetragen werden. Die Lösung? Stockholm, Schweden, sprang als Co-Gastgeber ein und veranstaltete die Reitsportwettbewerbe früher im Jahr. Es war ein wahrer Beweis für internationale Zusammenarbeit!.

✿ Momente, die Geschichte schrieben: Von Triumph bis zu berührenden Gesten ✿

Die Spiele von Melbourne waren ein Sprungbrett für zahlreiche ikonische Momente und sportliche Leistungen. Lassen Sie uns einige der Highlights noch einmal erleben:

1. Die „Wundermeile" – Eine Rivalität für die Ewigkeit: Keine Nacherzählung der Olympischen Spiele 1956 wäre vollständig ohne die epische Auseinandersetzung zwischen dem Briten Roger Bannister, dem ersten Mann, der die Vier-Minuten-Meile durchbrach, und dem Australier John Landy, der diesen Erfolg kurz darauf erreicht hatte. Ihr Showdown im 1500-Meter-Rennen, das als „Wundermeile" bezeichnet wurde, hatte die Welt am Rande ihrer Sitze. In einem spannenden Finish wurde Landy, der den größten Teil des Rennens führte, von Bannister auf der Zielgeraden überholt, was es zu einem der denkwürdigsten Rennen in der olympischen Geschichte machte.

2. Ein Star wird geboren – Betty Cuthbert, Australiens goldenes Mädchen: Stellen Sie sich den

Druck vor, auf heimischem Boden anzutreten. Jetzt stellen Sie sich vor, dass Sie das mit 18 Jahren tun!. Das war die Realität für die australische Sprinterin Betty Cuthbert, die die Herzen der Nation eroberte, indem sie drei Goldmedaillen gewann – über 100 Meter, 200 Meter und 4x100-Meter-Staffel. Cuthberts strahlendes Lächeln und ihre elektrisierende Geschwindigkeit machten sie zu einer sofortigen Nationalheldin und zu einer globalen Sportikone.

3. Eine Geste der Sportsmanship – Das Wasserballspiel, das die Rivalität transzendierte: Inmitten des Kalten Krieges wurde ein Wasserballspiel zwischen Ungarn und der Sowjetunion zu einem Brennpunkt für politische Spannungen. Das Spiel war brutal, wobei Blut im Schwimmbecken floss (buchstäblich, da ein ungarischer Spieler mit dem Ellbogen ins Gesicht getroffen wurde). Ungarn gewann schließlich, aber der eigentliche Sieg war der Geist der Sportsmanship, der danach gezeigt wurde, als Spieler beider Seiten sich die Hände schüttelten und die gemeinsame Liebe zum Spiel anerkannten.

4. Die Widerstandsfähigkeit eines Boxers – László Papp schreibt Geschichte (erneut!): Der ungarische Boxer László Papp war bereits eine Legende, da er bei den beiden vorherigen Olympischen Spielen Gold gewonnen hatte. In Melbourne erreichte er das Unvorstellbare und wurde der erste Boxer in der Geschichte, der bei drei Olympischen Spielen in Folge Goldmedaillen gewann. Papp's Dominanz im Ring festigte seinen Status als einer der größten Amateurboxer aller Zeiten.

AU Über die Medaillen hinaus: Ein Vermächtnis der
Innovation und Inspiration AU

Die Olympischen Spiele 1956 waren nicht nur von rekordverdächtigen Leistungen geprägt; sie hinterließen in Melbourne und der Welt auf vielfältige Weise Spuren:

- **Die Fernsehübertragung nimmt Fahrt auf:** Erstmals wurde ein bedeutender Teil der Spiele international im Fernsehen übertragen, so dass Millionen Menschen auf der ganzen Welt das Spektakel in ihren eigenen vier Wänden verfolgen konnten. Dies markierte einen Wendepunkt in der Art und Weise, wie die Menschen die Spiele erlebten, und verwandelte sie in ein wahrhaft globales Spektakel.

- **Innovationen bei den Spielen:** Die Spiele von Melbourne sahen mehrere „Erstlingswerke", darunter die Einführung einer symbolischen olympischen Fackelstaffel von Griechenland nach Australien und den erstmaligen Einsatz von Startblöcken im Schwimmen. Diese Innovationen steigerten das visuelle Spektakel der Spiele und bereiteten den Boden für zukünftige Traditionen.

- **Eine Stadt wird umgewandelt:** Die Olympischen Spiele von Melbourne hinterließen ein bleibendes physisches Vermächtnis in der Stadt, mit dem Bau des Melbourne Cricket Ground (MCG) – der die Eröffnungs- und Schlusszeremonie ausrichtete und bis heute als sportliches Wahrzeichen besteht – und des

Olympischen Dorfs, das Unterkünfte für Athleten bot und später zu einem Wohngebiet wurde.

Die Olympischen Spiele 1956 in Melbourne waren trotz politischer und logistischer Hindernisse letztendlich ein durchschlagender Erfolg. Sie zeigten Australiens Fähigkeit, die Welt zu empfangen, feierten die Widerstandsfähigkeit des menschlichen Geistes und hinterließen ein Vermächtnis, das Athleten und Sportbegeisterte bis heute inspiriert.

Pizza, Politik und prächtige Boxer: Die Olympischen Spiele 1960 in Rom

Das Jahr ist 1960. Der Kalte Krieg brodelt, Elvis ist der Renner, und die Welt steht am Rande einer kulturellen Revolution. Doch inmitten der globalen Spannungen und des Rock 'n' Rolls braut sich etwas Magisches in der Ewigen Stadt zusammen. Rom, ein Ort, der in Geschichte getaucht ist und in dem die Flüstern von Kaisern und Gladiatoren widerhallen, bereitet sich darauf vor, die Olympischen Sommerspiele 1960 auszurichten!.

Eine Stadt, die in Geschichte und Sonnenschein gebadet ist ○

Stellen Sie sich vor: antike Ruinen, die sich vor dem Hintergrund einer pulsierenden, modernen Stadt erheben. Das Kolosseum, in dem einst Gladiatoren aufeinanderprallten, steht heute als stiller Zeuge für die sportliche Leistung einer neuen Generation. So sah es in Rom aus, einer Stadt, die zum ersten Mal seit 1908 ausgewählt wurde, um die Olympischen Spiele auszurichten. Die italienische Regierung, die begierig darauf war, die Nachkriegswiederherstellung und den Geist ihrer Nation zu präsentieren, investierte erhebliche Mittel in die Erneuerung der Stadt. StaDiese Spiele waren auch von mehreren anderen „Premieren" geprägt. Der Fünfkampf der Frauen wurde eingeführt, was einen Schritt in Richtung größerer Gleichstellung der Geschlechter in der Sportwelt darstellte. Die Paralympischen Spiele, die nur wenige Wochen nach den Olympischen Spielen stattfanden, wurden ebenfalls in Rom ausgetragen und boten Athleten mit Behinderungen eine globale Bühne, die den inklusiven Geist der Olympischen Spiele weiter unterstrich.

Echos der Vergangenheit, Einblicke in die Zukunft 🏛 🚀

Die Olympischen Spiele 1960 in Rom waren mehr als nur ein Sportevent; sie waren ein kulturelles Phänomen. In einer Stadt, in der die Geschichte aus jeder Ecke flüsterte, waren diese Spiele eine einzigartige Mischung aus antikem Erbe und modernem Geist. Sie zeigten sportliche Höchstleistungen, hoben die Komplexität der Welt des Kalten Krieges hervor und hinterließen ein Vermächtnis von Innovation und Fortschritt.

Als die olympische Flamme flackerte und die Athleten nach Hause zurückkehrten, stand Rom stolz da, nicht nur als die Ewige Stadt, sondern auch als eine Stadt, die für kurze Zeit das Zentrum des sportlichen Universums war, ein Ort, an dem Geschichte geschrieben und Legenden geboren wurden.

Eine wiedervereinte Welt: Die Tokio-Spiele von 1964

Die olympische Fackel brannte vom 10. bis 24. Oktober 1964 hell in Tokio, Japan. Dies waren nicht irgendwelche Olympischen Spiele; sie markierten eine kraftvolle Rückkehr für Japan und eine Feier der Widerstandsfähigkeit für die gesamte Welt. Nach der Dunkelheit des Zweiten Weltkriegs leuchteten die Olympischen Spiele 1964 in Tokio wie ein Leuchtfeuer der Hoffnung, des Fortschritts und der internationalen Zusammenarbeit.

Aufstieg aus der Asche: Ein neues Japan

Nur neunzehn Jahre zuvor hatte die Welt die Verwüstung miterlebt, die Japan während des Krieges zugefügt worden war. Doch hier stand Tokio, verwandelt in eine moderne Metropole, bereit, die Welt mit offenen Armen zu empfangen. Die Spiele von 1964 dienten als eine globale Coming-out-Party, die Japans bemerkenswerte Erholung und seine

Wiedereingliederung in die internationale Gemeinschaft demonstrierte.

Das Land steckte Herz und Seele in die Vorbereitung auf das Ereignis. Glänzende neue Stadien und Infrastruktur entstanden, die Japans technologisches Können unter Beweis stellten. Der legendäre Hochgeschwindigkeitszug, der Shinkansen, feierte sein Debüt und brachte Besucher mit atemberaubender Geschwindigkeit zwischen Tokio und Osaka – ein Symbol für Japans zukunftsorientierten Geist.

Barrieren durchbrechen und Rekorde aufstellen

Die Olympischen Spiele 1964 drehten sich nicht nur um Ziegel und Mörtel; sie drehten sich um den menschlichen Geist in all seiner Pracht. Über 5.000 Athleten aus 93 Nationen, ein Rekord zu dieser Zeit, kamen zusammen, um zu konkurrieren und verkörperten die olympischen Ideale von Freundschaft und Sportsgeist.

Dieser Geist der Einheit war besonders bedeutsam angesichts des Hintergrunds des Kalten Krieges. Trotz der politischen Spannungen kämpften Athleten von beiden Seiten des Eisernen Vorhangs hart, aber respektvoll, und erinnerten die Welt daran, dass Sport politische Grenzen transzendiert.

Der Marathonmann: Abebe Bikilas Triumph

Eine der nachhaltigsten Geschichten der Spiele von 1964 war die außergewöhnliche Leistung des äthiopischen Läufers Abebe Bikila. Nachdem er bei den Spielen von 1960 in Rom barfuß Gold im Marathon gewonnen hatte, kehrte Bikila zurück, um seinen Titel zu verteidigen, dieses Mal mit Schuhen.

Seine Vorbereitung war jedoch alles andere als ideal. Nur wenige Wochen vor den Spielen hatte er sich einer Blinddarmoperation unterzogen. Unbeirrt gewann Bikila nicht nur den Marathon und stellte dabei einen neuen Weltrekord auf, sondern er wurde auch der erste Athlet, der zwei Olympische Marathons in Folge gewann. Sein Sieg, erzielt mit einem strahlenden Lächeln, fesselte die Welt und festigte seinen Platz als Legende.

Ein Judostar wird geboren

Die Spiele von 1964 markierten auch das Debüt von Judo als olympische Sportart, sehr zur Freude des Gastgeberlandes. Alle Augen waren auf den Judo-Wettbewerb im Leichtgewicht gerichtet, bei dem ein junger japanischer Judoka namens Isao Inokuma das Gewicht der Erwartungen auf seinen Schultern trug.

Inokuma war bekannt für seine Beherrschung eines schwierigen Wurfs, der als „Osoto Gari" oder großer äußerer Sichel bezeichnet wird. In einer überraschenden Wendung der Ereignisse verletzte er sich jedoch zu Beginn des Wettbewerbs am Bein. Trotz der Schmerzen kämpfte er weiter und verließ sich auf seine taktische Brillanz und seinen unbezwingbaren Geist, um das Finale zu erreichen.

Im Finale um die Goldmedaille traf Inokuma auf Doug Rogers aus Kanada. Ignorierend die brennenden Schmerzen in seinem Bein, führte er einen perfekten

Osoto Gari aus und schleuderte Rogers für den Sieg auf die Matte. Die Menge tobte, und Inokuma wurde über Nacht zum Nationalhelden und verkörperte den japanischen Geist der Ausdauer und Hingabe.

Eine Turnfee verzaubert die Welt

Die Welt hielt den Atem an, als eine zierliche Figur in einem roten Trikot an die Stufenbarren ging. Mit nur 1,45 Metern war die sowjetische Turnerin Larissa Latynina eine Macht, mit der man rechnen musste. Sie war bereits eine ausgezeichnete Olympiasiegerin und wollte in Tokio ihre Medaillensammlung erweitern.

Mit Anmut, Präzision und außergewöhnlicher Kraft zeigte Latynina eine atemberaubende Routine, die das Publikum in Ehrfurcht versetzte. Sie erhielt eine fast perfekte Punktzahl und gewann zwei Goldmedaillen in Tokio, womit sie ihre Karrieregesamtzahl auf unglaubliche 18 olympische Medaillen brachte, ein Rekord, der Jahrzehnte lang Bestand hatte. Ihre Eleganz und Athletik fesselten die Welt und festigten ihren Status als Turnlegende.

Ein Vermächtnis von Innovation und Fortschritt

Die Olympischen Spiele 1964 in Tokio waren nicht nur wegen der sportlichen Leistungen von Bedeutung, sondern auch wegen der technologischen Innovationen, die sie präsentierten. Japan nutzte die Olympischen Spiele als Gelegenheit, um seine technologischen Fortschritte der Welt vorzustellen.

Eine globale Bühne: Die Ankunft des Fernsehens

Erstmals in der Geschichte der Olympischen Spiele wurden die Spiele von 1964 per Satellit live in ein globales Publikum übertragen. Dieses technologische Wunder ermöglichte es Millionen Menschen auf der ganzen Welt, den Nervenkitzel der Ereignisse in Echtzeit mitzuerleben, brachte Menschen zusammen und förderte ein gemeinsames Gefühl von Aufregung und Staunen.

Aus der Vogelperspektive: Die Einführung der Zeitlupenwiederholung

Die Spiele von 1964 markierten auch das Debüt der Zeitlupenwiederholungen, die die Art und Weise veränderten, wie Zuschauer die Spiele erlebten. Diese Innovation ermöglichte es dem Publikum, die Feinheiten der sportlichen Leistung zu analysieren und die Fähigkeiten und die Kunstfertigkeit der Athleten genauer zu würdigen.

Das Vermächtnis der Innovation erstreckte sich über die Ausstrahlung hinaus. Bei den Spielen von 1964 wurde auch Computertechnologie für die Zeitmessung und Datenverarbeitung eingeführt, was den Weg für die High-Tech-Olympischen Spiele der Zukunft ebnete.

Eine bleibende Wirkung: Über die Spiele hinaus

Die Olympischen Spiele 1964 in Tokio waren mehr als nur ein Sportevent; sie waren ein Wendepunkt in Japans Geschichte und ein Beweis für die verbindende Kraft des Sports. Sie zeigten Japans bemerkenswerte Erholung, sein technologisches Können und sein

Wiederauftauchen als angesehenes Mitglied der Weltgemeinschaft.

Vor allem aber erinnerten die Spiele von 1964 die Welt daran, dass der menschliche Geist selbst angesichts von Widrigkeiten jede Herausforderung meistern kann. Die Spiele dienten als ein starkes Symbol für Frieden, Einheit und Hoffnung und hinterließen ein nachhaltiges Vermächtnis, das Generationen von Athleten und Träumern gleichermaßen inspiriert.

¡Hola, Mexiko! Die Olympischen Spiele 1968 in einem Jahr des Wandels

Ein Jahr, das in die Geschichte eingegangen ist für seine Kulturrevolution und die sozialen Umwälzungen. Doch inmitten der Unruhen leuchtete ein Leuchtfeuer der internationalen Einheit und sportlichen Höchstleistungen hell – die XIX. Olympischen Spiele, die in Mexiko-Stadt ausgetragen wurden. Dies waren nicht irgendwelche Olympischen Spiele; es war eine Spiele der Premieren, eine Feier des menschlichen Potenzials vor dem Hintergrund globaler Veränderungen und eine Präsentation des lebendigen Geistes Mexikos.

Mexiko-Stadt betritt die Bühne

Zum ersten Mal überhaupt reisten die Olympischen Spiele nach Lateinamerika, wobei Mexiko-Stadt die Ehre erhielt, Gastgeber zu sein. Dies war nicht nur ein Sieg für Mexiko; es war ein Beweis für das wachsende Potenzial und die Anerkennung der sich entwickelnden Welt auf der globalen Bühne.

Die Stadt erlebte eine atemberaubende Transformation und empfing die Spiele mit offenen Armen und einem lebendigen Fiesta-Geist. Neue Stadien entstanden, die Infrastruktur wurde modernisiert, und das ikonische olympische Logo, inspiriert vom traditionellen aztekischen Kalender, zierte jede Ecke.

Ein Sprung in die Zukunft: Die Höhenspiele

Die Höhe von Mexiko-Stadt (2.240 Meter über dem Meeresspiegel) spielte bei diesen Spielen eine Hauptrolle und brachte ihr den Spitznamen „Die Höhenspiele" ein. Während dies für einige Athleten eine Herausforderung darstellte, führte die dünnere Luft in diesen Höhen auch zu rekordverdächtigen Leistungen, insbesondere in Leichtathletik-Disziplinen, die auf explosive Kraft angewiesen waren.

Die Welt sah mit Ehrfurcht zu, wie Bob Beamon den Weltrekord im Weitsprung um unglaubliche 55 Zentimeter pulverisierte – eine Leistung, die so unglaublich war, dass die Funktionäre zunächst einen Messfehler vermuteten. Dieser Rekord hielt unglaubliche 23 Jahre lang, ein Beweis für die übermenschlichen Leistungen, die bei diesen einzigartigen Spielen möglich waren.

Black-Power-Gruß: Ein Moment für die Ewigkeit

Jenseits der sportlichen Triumphe wurden die Olympischen Spiele 1968 zu einer Plattform für sozialen

Wandel. In einem Moment, der für immer in die Geschichte eingegangen ist, erhoben die amerikanischen Athleten Tommie Smith und John Carlos, Gold- und Bronzemedaillengewinner im 200-Meter-Lauf, während der Siegerehrung ihre schwarz behandschuhten Fäuste.

Dieser stille, aber kraftvolle Protest gegen Rassendiskriminierung und Ungleichheit in den Vereinigten Staaten schickte Schockwellen in die ganze Welt. Obwohl er zu dieser Zeit auf gemischte Reaktionen stieß, bleibt er ein Wendepunkt in der olympischen Geschichte und unterstreicht die Macht der Spiele, Gespräche über wichtige soziale Themen anzustoßen.

Ein Wandteppich aus Triumphen und Wegbereitern

Die Spiele von 1968 wurden von einer Konstellation außergewöhnlicher Athleten und unvergesslicher Momente geprägt:

- **Die „fliegende Hausfrau" nimmt ihren Flug auf:** Die niederländische Hausfrau-und-Athletin Fanny Blankers-Koen, bereits eine Legende für den Gewinn von vier Goldmedaillen 1948, kehrte im Alter von 40 Jahren zu den Spielen zurück und bewies, dass Alter nur eine Zahl ist.
- **Turnen bekommt eine Prima Donna:** Eine junge Turnerin aus der Tschechoslowakei, Vera Čáslavská, fesselte die Welt mit ihrer Anmut und ihrem Können und holte vier Goldmedaillen, wodurch sie zur Nationalheldin wurde.

- **Der Aufstieg von Kip Keino:** Der kenianische Athlet Kip Keino, der in den Tagen vor den Spielen mit Krankheit zu kämpfen hatte, überwand die Widrigkeiten und gewann Gold im 1500-Meter-Lauf und Silber im 5000-Meter-Lauf, was den Beginn der Dominanz Kenias im Langstreckenlauf markierte.

Jenseits der Medaillen: Ein Vermächtnis von Einheit und Fortschritt

Die Olympischen Spiele 1968 waren mehr als nur ein Sportevent. Sie waren ein Beweis für die Kraft der menschlichen Widerstandsfähigkeit, eine Feier der Vielfalt und des kulturellen Austauschs und ein Katalysator für wichtige Gespräche über Gleichheit und sozialen Wandel.

Als die olympische Flamme in Mexiko-Stadt erlosch, hinterließ sie ein Vermächtnis des Fortschritts und eine Erinnerung daran, dass selbst inmitten globaler Unsicherheit das Streben nach sportlicher Höchstleistung und der Geist der internationalen Einheit durchscheinen können. Die Spiele von 1968 waren ein lebendiger Beweis für die Kraft des Sports, zu inspirieren, zu vereinen und Veränderungen anzustoßen.

München 1972: Eine Feier des Sports und der Einheit

Die Olympischen Sommerspiele 1972, offiziell bekannt als die Spiele der XX. Olympiade, fanden vom 26. August bis 11. September in München, Westdeutschland, statt. Dies war ein bedeutender Moment für das Land und markierte die Rückkehr der Olympischen Spiele auf deutsches Boden nach den berüchtigten Spielen von 1936 in Berlin, die vom Nazi-Regime überschattet wurden. München, begierig darauf, ein neues, demokratisches und gastfreundliches Deutschland zu präsentieren, empfing die Spiele mit offenen Armen und einem Geist der internationalen Freundschaft.

Eine wiedergeborene Stadt: Vom Trümmerfeld zur Strahlkraft ✨

München, bekannt für seine reiche Kultur und seinen bayerischen Charme, war im Zweiten Weltkrieg verwüstet worden. Die Stadt kanalisierte ihre Widerstandsfähigkeit in den Wiederaufbau, und bis

1972 stand sie stolz da als Symbol für den Wiederaufbau und den Fortschritt nach dem Krieg. Der speziell für die Spiele errichtete Olympiapark war ein Beweis für diesen Geist. Entworfen mit innovativer Architektur, weitläufigen Grünflächen und miteinander verbundenen Veranstaltungsorten, förderte er ein Gefühl von Offenheit und Zugänglichkeit. Das ikonische Acrylglasdach, das sich über das Stadion und andere Einrichtungen erstreckte, wurde zu einem Symbol für das moderne, zukunftsorientierte Deutschland.

Ein globales Treffen inmitten von Spannungen 🌍

Die Spiele lockten Athleten aus 121 Nationen an, ein Rekord zu dieser Zeit, und unterstrichen die verbindende Kraft des Sports. Die Welt im Jahr 1972 war jedoch alles andere als friedlich. Der Kalte Krieg warf weiterhin einen langen Schatten, und der israelisch-palästinensische Konflikt war eine Quelle anhaltender Spannungen. Tragischerweise sollten diese Konflikte auf schreckliche Weise mit den Spielen in Berührung kommen.

Die Spiele entfalten sich: Triumph und Tragödie 🏅

Trotz des Hintergrunds globaler Unsicherheit zeigten die Olympischen Spiele in München unglaubliche sportliche Leistungen. Der amerikanische Schwimmer Mark Spitz schrieb seinen Namen in die Geschichte ein, indem er sieben Goldmedaillen in Folge gewann, alle in Weltrekordzeit. Die sowjetische Turnerin Olga Korbut fesselte die Welt mit ihren atemberaubenden Übungen und ihrem ansteckenden Lächeln und leitete eine neue Ära der Kunstfertigkeit in diesem Sport ein.

Auf dunklerer Ebene wurden die Spiele auch von einer Tragödie überschattet. Bei dem als Münchner Massaker bekannten Vorfall nahm eine Gruppe palästinensischer Terroristen elf israelische Athleten und Trainer als Geiseln. Die anschließende Belagerung und der Rettungsversuch endeten mit Herzschmerz, bei dem alle Geiseln und mehrere Terroristen getötet wurden. Die Spiele wurden 34 Stunden lang unterbrochen, während die Welt trauerte.

Ein Vermächtnis der Widerstandsfähigkeit und der Erinnerung

Das Münchner Massaker bleibt eine mahnende Erinnerung an die Fragilität des Friedens und das Potenzial von Gewalt, selbst die fröhlichsten Anlässe zu zerstören. Die Spiele zeigten jedoch auch die bleibende Kraft des menschlichen Geistes. Die Athleten, die mit Mut und Sportsgeist kämpften, die Organisatoren, die unermüdlich daran arbeiteten, die Spiele zu retten, und die Bürger von München, die Mitgefühl angesichts unvorstellbaren Verlustes zeigten – alle trugen zu einem Vermächtnis der Widerstandsfähigkeit und der Erinnerung bei.

Faszinierende Fakten und Zahlen

- Das offizielle Maskottchen der Spiele war Waldi, ein bunter Dackel, eine beliebte Rasse in Bayern. Waldi war das erste offizielle Maskottchen, das für die Olympischen Spiele entworfen wurde, und ebnete den Weg für die ikonischen Maskottchen, die wir heute kennen und lieben.

- Bei diesen Spielen wurden mehrere neue Sportarten eingeführt, darunter Badminton, Judo (für Frauen) und Handball.
- Die waghalsigen Bewegungen der sowjetischen Turnerin Olga Korbut an den Stufenbarren fesselten das Publikum weltweit. Obwohl sie nicht das Allround-Gold gewann, veränderten ihre innovativen Übungen, darunter der heute verbotene „Korbut-Flip", das Frauenturnen.
- Die Olympischen Spiele in München waren die ersten, bei denen elektronische Zeitmessung für Leichtathletik-Wettbewerbe verwendet wurde, ein bedeutender Fortschritt in Bezug auf Genauigkeit und Fairness.

Die Spiele von 1972 in München sind ein komplexes und ergreifendes Kapitel in der olympischen Geschichte. Obwohl sie für immer mit der Tragödie verbunden sind, dienen sie auch als Beweis für den bleibenden Geist der Spiele und die Fähigkeit des Menschen zu hoffen, zu widerstehen und nach Exzellenz zu streben, selbst angesichts von Widrigkeiten.

Montreal 1976: Eine Feier im Schatten des Boykotts

Das Jahr war 1976. Disco war König, Schlaghosen waren der letzte Schrei, und die Welt bereitete sich auf die XXI. Olympischen Sommerspiele vor, die in der pulsierenden Stadt Montreal, Kanada, ausgetragen wurden. Stellen Sie sich die Aufregung vor – ein Kaleidoskop aus Kulturen, das in diese wunderschöne Stadt strömt, bereit, sportliche Leistungen von menschlicher Stärke, Geschicklichkeit und Sportsgeist zu erleben.

Bonjour, Montréal! ⚜

Montreal, Kanadas zweitgrößte Stadt, pulsierte mit einer einzigartigen Energie, einer Mischung aus europäischem Charme und nordamerikanischer Moderne. Diese zweisprachige Stadt, in der Französisch mit Englisch verschmolz, bot eine faszinierende Kulisse für die Spiele. Das Olympiastadion, das aufgrund seines torförmigen Daches „The Big O" genannt wurde, wurde zu einem Symbol der Spiele, obwohl seine Konstruktion von Verzögerungen geplagt war und Montreal letztendlich mit einer hohen Verschuldung zurückließ – eine Erinnerung daran, dass selbst die fröhlichsten Anlässe ihre Komplexität haben können.

Eine Welt, die mit Veränderungen ringt 🌍

Die Welt im Jahr 1976 bestand nicht nur aus Discokugeln und Plateauschuhen. Der Schatten des Kalten Krieges lag schwer, und die Olympischen Spiele konnten trotz ihrer Botschaft der Einheit die geopolitischen Spannungen nicht vollständig entgehen. Die Narben des Münchner Massakers vier Jahre zuvor, bei dem elf israelische Athleten auf tragische Weise von Terroristen getötet wurden, waren noch frisch und erinnerten schmerzlich an die Fragilität des Friedens.

Hinzu kam die Komplexität, dass 28 afrikanische Nationen die Spiele in Montreal boykottierten. Dieser Protest wurde durch die Weigerung des Internationalen Olympischen Komitees ausgelöst, Neuseeland zu suspendieren, dessen Rugby-Nationalmannschaft in Südafrika unter der Apartheid gespielt hatte. Der Boykott, obwohl er ein Zeichen gegen Ungerechtigkeit war, beeinträchtigte die Spiele unbestreitbar und hinterließ eine Lücke in mehreren Wettbewerben.

Triumph und Herzschmerz in der großen Arena ❀

Trotz der politischen Turbulenzen boten die Spiele in Montreal eine Bühne für unvergessliche sportliche Momente und Geschichten, die weit über das Spielfeld hinausgingen.

Nadia Comaneci, die perfekte 10: Stellen Sie sich vor: eine kleine 14-jährige Turnerin aus Rumänien, die die Welt im Sturm erobert. Nadia Comaneci, mit ihrer Anmut und Präzision, erreichte etwas, das im olympischen Turnen bisher undenkbar war – eine perfekte Punktzahl von 10. Nicht nur einmal, sondern sieben Mal! Ihre Leistung transzendierte den Sport, fesselte die Welt und festigte ihren Status als Legende.

Die „Spitz-losen" Spiele und eine neue Schwimm-Sensation: Die Spiele von 1972 in München wurden von der Dominanz von Mark Spitz geprägt, der sieben Goldmedaillen gewann. Spitz ging in den Ruhestand, aber im Becken in Montreal erlebte eine weitere Schwimm-Sensation ihren Aufstieg – John Naber aus den USA. Naber, mit seinen kraftvollen Schwimmzügen, holte vier Gold- und eine Silbermedaille und fesselte die Fans mit seinen rekordverdächtigen Leistungen.

Der kubanische Aufstieg: Kuba, ein Land mit einer wachsenden sportlichen Tradition, kündigte in Montreal seinen Einzug auf die Weltbühne an. Sie erreichten einen beeindruckenden dritten Platz in der Medaillenwertung, ein Beweis für ihr Engagement für die Leichtathletik. Alberto Juantorenas historischer Sieg sowohl im 400-Meter- als auch im 800-Meter-Lauf, eine Leistung, die weder vorher noch nachher erreicht wurde, wurde zu einem Symbol für Kubas steigende sportliche Fähigkeiten.

Der „fliegende Finne" fliegt hoch: Lasse Virén, der finnische Langstreckenläufer, schrieb seinen Namen in die olympische Geschichte ein, indem er seine Goldmedaillen sowohl im 5000-Meter- als auch im

10000-Meter-Lauf von den Spielen in München verteidigte. Sein unerbittliches Tempo und seine außergewöhnliche Ausdauer brachten ihm den Spitznamen „The Flying Finn" ein, eine Legende, deren Entschlossenheit Athleten bis heute inspiriert.

Jenseits der Medaillen: Der Geist der Spiele hält an ♡

Die Spiele von 1976 in Montreal waren trotz ihrer Herausforderungen ein Beweis für den unbezwingbaren menschlichen Geist – den Drang, sich zu übertreffen, sich zu vereinen und sportliche Leistungen zu feiern. Die Spiele hinterließen ein Vermächtnis nicht nur sportlicher Exzellenz, sondern auch kulturellen Austauschs und der Entwicklung der Infrastruktur, das Montreal für die kommenden Jahre prägte.

Während die Echos von Boykotts und politischen Spannungen an die Komplexität der Welt erinnern, in der wir leben, erinnern uns die Geschichten von Nadia Comaneci, John Naber, Alberto Juantorena, Lasse Virén und unzähligen anderen an die verbindende Kraft des Sports. Diese Athleten, mit ihrem Mut, ihrer Entschlossenheit und ihrem schieren Talent, verkörperten den wahren Geist der Olympischen Spiele – einen Geist, der Grenzen, Ideologien und selbst die schwierigsten Zeiten transzendiert.

Wunder von Moskau: Enthüllung der Olympischen Spiele 1980

Das Jahr ist 1980. Disco regiert immer noch, Pac-Man verschlingt in Spielhallen die Münzen, und die Welt hält den Atem an und bereitet sich auf einen Sommer voller sportlicher Spektakel vor. Aber diese Spiele waren anders. Vor dem Hintergrund politischer Spannungen boten die Olympischen Sommerspiele 1980 in Moskau, Sowjetunion, eine einzigartige Mischung aus sportlicher Höchstleistung und historischer Bedeutung. Tauchen wir ein in dieses faszinierende Kapitel der olympischen Geschichte und decken die Geschichten auf, die es so unvergesslich gemacht haben.

Die Kulisse: Moskau steht im Mittelpunkt

Stellen Sie sich die Pracht des Roten Platzes, die pulsierende Energie des Gorki-Parks und die imposante

Präsenz des Kremls vor – dies war die Bühne für die Olympischen Spiele von 1980. Moskau, das Herz der Sowjetunion, zog sich in seine schönsten Kleider und war begierig darauf, seine Kultur und seine Fähigkeiten der Welt zu präsentieren.

Der ikonische Olympiapark Luzhniki, mit seinem kolossalen Zentralstadion Lenin, wurde zum Epizentrum der Spiele. Dieser weitläufige Veranstaltungsort erlebte rekordverdächtige Leistungen, nervenaufreibende Ziele und das Dröhnen von Tausenden begeisterter Zuschauer. Jenseits der Stadionmauern summte Moskau vor Aktivität und begrüßte Athleten und Besucher aus aller Welt.

Eine Zeit globaler Unruhen: Der olympische Geist hält an

Die Spiele von 1980 waren jedoch nicht ohne Herausforderungen. Die Welt war in den Kalten Krieg verwickelt, und die Invasion Afghanistans durch die Sowjetunion im Jahr 1979 warf einen langen Schatten auf das Ereignis. Dieses politische Klima führte zu einem Boykott durch die Vereinigten Staaten und mehrere andere westliche Länder.

Trotz der Boykotts hielt der Geist der Olympischen Spiele an. Athleten aus 80 Nationen, die niedrigste Zahl seit 1956, entschieden sich für den Wettbewerb und demonstrierten ihr Engagement für Sportsgeist und internationale Kameradschaft. Ihre Präsenz sendete eine starke Botschaft: Selbst angesichts von Widrigkeiten kann das Streben nach sportlicher Höchstleistung Nationen vereinen.

Die Spiele in Moskau waren ein Beweis für die menschliche Widerstandsfähigkeit und die Kraft des menschlichen Geistes. Hier sind ein paar Einblicke in die Geschichten, die sich entfalteten:

Das Wunder auf dem Eis: Ein unerwarteter Sieg: Obwohl es nicht technisch zu den Sommerspielen gehört, ist es unmöglich, über 1980 zu sprechen, ohne das „Wunder auf dem Eis" zu erwähnen. Nur wenige Monate vor den Sommerspielen holte das US-amerikanische Herren-Eishockeyteam, das hauptsächlich aus Amateur- und College-Spielern bestand, bei den Winterspielen in Lake Placid einen atember- **Carl Lewis:** Dieser amerikanische Leichtathletik-Star war nicht mit nur einer Goldmedaille zufrieden, oh nein. Er wiederholte Jesse Owens' Leistung von 1936, indem er *vier* Goldmedaillen gewann: im 100-Meter-Lauf, im 200-Meter-Lauf, im Weitsprung und in der 4x100-Meter-Staffel. Geschichte schreiben in Reinkultur! - **Mary Lou Retton:** Diese zierliche Kraftpaket-Turnerin eroberte die Herzen Amerikas mit ihrem ansteckenden Lächeln und ihren schwerelos wirkenden Übungen. Sie gewann die Goldmedaille im Mehrkampf mit nur 0,5 Punkten Vorsprung und wurde zu einer nationalen Ikone, die eine Generation junger Turnerinnen inspirierte. - **Joan Benoit:** Diese bemerkenswerte Läuferin trug ihren Namen in die Geschichte ein, indem sie die erste Olympiasiegerin im Marathonlauf der Frauen wurde. Ihr Sieg in einer Zeit von 2:24:52 war ein Beweis für ihre unglaubliche Ausdauer und markierte einen bedeutenden Meilenstein im Frauen-Leichtathletik. - **Nawal El Moutawakel:** Aus Marokko stammend, wurde Nawal die erste muslimische Frau aus einem afrikanischen Land, die eine olympische Goldmedaille gewann. Sie erreichte dieses historische Kunststück im 400-Meter-Hürdenlauf, durchbrach Stereotype und inspirierte Frauen auf der ganzen Welt.

Die Spiele von 1984 sahen auch die Rückkehr Chinas in die olympische Familie nach 32 Jahren Abwesenheit. Ihre Präsenz fügte den Spielen eine neue Ebene an Aufregung und Wettbewerb hinzu.

🎵 Musik, Maskottchen und unvergessliche Momente 🎵

Was wären Olympische Spiele ohne einen eingängigen Soundtrack? Lionel Richties "All Night Long (All Night)" wurde zur inoffiziellen Hymne der Spiele, sein optimistischer Rhythmus spiegelte die Energie und den Geist der Veranstaltung wider.

Und wer könnte **Sam den Adler** vergessen? Dieser stolze Weißkopfseeadler, der in den Farben der amerikanischen Flagge gekleidet war, war das offizielle Maskottchen. Mit seinem freundlichen Auftreten und seiner sportlichen Kleidung wurde er zu einem Symbol der Spiele und zu einer geliebten Erinnerung für viele.

Jenseits der Medaillen und Rekorde waren die Olympischen Spiele 1984 in Los Angeles voller herzergreifender Momente. Vom Jubel der Menge, als Athleten die Ziellinie überquerten, bis zur Kameradschaft, die zwischen den Konkurrenten herrschte, waren die Spiele eine Erinnerung an die Kraft des Sports, zu vereinen und zu inspirieren.

◯ Ein goldenes Vermächtnis ◯

Trotz der politischen Komplexitäten und des Schattens des Boykotts waren die Olympischen Spiele 1984 in Los Angeles ein großer Erfolg. Sie zeigten die Kraft des menschlichen Geistes, die sportliche Exzellenz und die Freude am Wettbewerb. Die Spiele hinterließen ein Vermächtnis der Innovation, der Effizienz und eine Erinnerung daran, dass selbst inmitten globaler Spannungen der olympische Geist durchscheinen kann. Als das olympische Feuer in Los Angeles erlosch, hinterließ es ein Leuchten, das weiterhin Generationen von Athleten und Träumern auf der ganzen Welt inspiriert.

Seoul auf der Suche nach Frieden: Die Magie der Olympischen Spiele 1988 entdecken

Das Jahr ist 1988. Stellen Sie sich Folgendes vor: Schulterpolster, größer als das Leben, Haare, die in den Himmel streben, und ein eingängiger kleiner Song namens "Hand in Hand", der um die Welt hallt. Dies war das Jahr, in dem die Welt ihre Aufmerksamkeit auf Seoul, Südkorea, für die Spiele der XXIV. Olympiade richtete.

Die triumphale Rückkehr einer Nation

Stellen Sie sich vor, Sie richten eine Party aus, nachdem Sie Jahrzehnte lang Schwierigkeiten durchgemacht haben. Genau das waren die Olympischen Spiele 1988 für Südkorea. Dies war nicht nur ein Sportevent, sondern ein Phönix, der aus der Asche stieg. Nach der Verwüstung des Koreakriegs betrat die Nation endlich die Weltbühne und präsentierte ihren unglaublichen Wandel zu einer technologischen Großmacht und einem pulsierenden kulturellen Zentrum.

Die Olympischen Spiele werden oft als Plattform für nationalen Stolz betrachtet, und für Südkorea war es eine Chance, der Welt seine Widerstandsfähigkeit zu beweisen. Die Energie war elektrisierend, der Stolz spürbar. Dies waren nicht nur Spiele, sie waren eine Erklärung des Fortschritts, ein Beweis für den unbezwingbaren Geist des koreanischen Volkes.

Das Stadion, das die Welt beherbergte

Das Olympiastadion in Seoul, liebevoll "Das Weltfriedenstor" genannt, wurde zum pulsierenden Herzen der Spiele von 1988. Dieses architektonische Wunderwerk, mit seiner anmutigen, geschwungenen Dachlinie, die von der traditionellen koreanischen Architektur inspiriert ist, war Schauplatz spektakulärer Eröffnungs- und Abschlusszeremonien, elektrisierender Leichtathletik-Events und des nervenaufreibenden Finales des Fußballturniers.

Erinnern Sie sich an die legendären Tauben, die während der Eröffnungszeremonie freigelassen wurden und als Symbole des Friedens in den Himmel aufstiegen? Leider entkamen nicht alle dem olympischen Feuer, was zu einem unvergesslichen (und etwas peinlichen) Moment führte. Aber hey, selbst Tauben bekommen manchmal Lampenfieber!

Jedes Olympische Spiel schenkt uns Momente sportlicher Brillanz, die sich in unser kollektives Gedächtnis einprägen, und Seoul 1988 war keine Ausnahme. Die legendäre amerikanische Sprinterin Florence Griffith-Joyner, liebevoll "Flo-Jo" genannt, eroberte die Welt im Sturm, pulverisierte Rekorde und gewann drei Goldmedaillen mit Stil. Ihre schillernden Outfits und ihre legendären Fingernägel? Pure 80er-Jahre-Pracht!

Dann war da noch das Finale über 100 Meter der Männer, das als "das schmutzigste Rennen der Geschichte" bezeichnet wurde. Der kanadische Sprinter Ben Johnson flog über die Ziellinie und schien einen neuen Weltrekord aufgestellt zu haben. Sein Sieg war jedoch nur von kurzer Dauer. Johnson testete positiv auf Steroide, was einen riesigen Skandal auslöste und eine weltweite Debatte über Doping im Sport entfachte. Es war eine bittere Erinnerung daran, dass selbst auf höchstem Wettbewerbsniveau die Grenze zwischen Sieg und Fairness dünn ist.

Doch inmitten des Dramas gab es auch herzerwärmende Geschichten. Das jamaikanische Bob-Team, das seinen olympischen Einstand gab, stahl den Herzen der Menschen auf der ganzen Welt. Ihre Geschichte, die den Disney-Film "Cool Runnings" inspirierte, bewies, dass mit Leidenschaft und Entschlossenheit alles möglich ist, sogar für ein paar Jungs von einer tropischen Insel, die noch nie Schnee gesehen hatten!

Ein Boykott, ein Händedruck und ein Hoffnungsschimmer

Der Schatten des Kalten Krieges lag über den Olympischen Spielen von 1988, so wie er über die vorherigen Spiele gehangen hatte. Nordkorea, das sich weigerte, neben seinem südlichen Gegenstück teilzunehmen, rief zum Boykott auf. Leider schlossen sich mehrere Nationen, darunter Kuba und Äthiopien, dem Boykott an, der einen Schatten auf die Veranstaltung warf.

Doch in einer überraschenden und hoffnungsvollen Geste marschierten Athleten aus Nord- und Südkorea während der Eröffnungszeremonie unter einer gemeinsamen Flagge. Dieser symbolische Moment, ein Händedruck über eine geteilte Halbinsel, bot einen Hoffnungsschimmer für Versöhnung und Frieden, eine Erinnerung an die verbindende Kraft des Sports.

Das Vermächtnis der Spiele

Die Olympischen Spiele 1988 in Seoul waren nicht nur Medaillen und Rekorde, sondern ein Beweis für die bemerkenswerte Reise Südkoreas. Die Spiele hinterließen ein Vermächtnis verbesserter Infrastruktur, einen Anstieg des nationalen Stolzes und ein globales Rampenlicht auf die koreanische Kultur. Sie bewiesen, dass Sport die Kraft hat, politische Unterschiede zu überwinden, Hoffnung zu wecken und die Welt zu vereinen, wenn auch nur für ein paar glorreiche Wochen.

Barcelona badet in Gold: Die Magie der Olympischen Spiele 1992 enthüllen

Das Jahr war 1992. Die Welt sah zu, wie der Vorhang für ein spektakuläres Olympisches Spiel aufging, das in der pulsierenden, sonnenverwöhnten Stadt Barcelona, Spanien, ausgetragen wurde. Dies waren nicht nur irgendwelche Olympischen Spiele, es war eine Feier des Sports, ein Coming-out-Party für eine wiedergeborene Stadt und ein Beweis für die Kraft der menschlichen Widerstandsfähigkeit und des Geistes.

Eine Stadt im Wandel: Vom Industriestandort zum kosmopolitischen Juwel

Barcelona, die Hauptstadt Kataloniens, war lange Zeit ein geschäftiges Industriegebiet. Doch das industrielle Herz der Stadt war in den 1980er Jahren verblasst und hatte ein Gefühl der Vernachlässigung hinterlassen, sowie den Wunsch nach einer Neugestaltung. Der Gewinn der Bewerbung um die Ausrichtung der Olympischen Spiele 1992 wurde zum Katalysator für eine urbane Transformation von epischen Ausmaßen.

Stellen Sie sich eine Stadt vor, die in Gerüste gehüllt ist, die vor Bauarbeiten brummt, während Künstler und Architekten unermüdlich daran arbeiten, eine atemberaubende Bühne für das größte Sportereignis der Welt zu schaffen. Zerfallende Infrastruktur wurde wiederbelebt, vernachlässigte Viertel wurden wiedergeboren und eine atemberaubende Küste, die einst hinter Industriebrachen verborgen war, tauchte als schimmerndes Juwel auf. Die Olympischen Spiele von Barcelona waren nicht nur ein Zeichen sportlicher Leistungen, sondern auch ein Beweis für die Kraft der Stadterneuerung und den unbezwingbaren Geist einer Stadt, die entschlossen war, ihren Platz auf der Weltbühne zurückzuerobern.

Eine neue Weltordnung: Die Spiele nach dem Kalten Krieg

Die Olympischen Spiele 1992 in Barcelona hatten eine besondere Bedeutung jenseits der sportlichen Arena. Die Berliner Mauer war erst drei Jahre zuvor gefallen, und die Welt passte sich noch immer an eine neue geopolitische Realität an. Der Kalte Krieg, der einen langen Schatten über die vorherigen Spiele geworfen hatte, war endlich vorbei. Dieser neu gewonnene Geist der Einheit war in Barcelona spürbar.

Zum ersten Mal traten Athleten aus den ehemaligen Sowjetrepubliken als Unified Team zusammen an, ihre Siege waren ein ergreifendes Symbol für eine gemeinsame Vergangenheit und eine ungewisse Zukunft. Die baltischen Staaten - Estland, Lettland und Litauen - marschierten unter ihren eigenen Flaggen, ein kraftvolles Zeugnis ihrer hart erkämpften Unabhängigkeit. Selbst das vom Krieg zerrissene Jugoslawien, am Rande des Zerfalls, erlebte flüchtige Momente der Einheit, als seine Athleten, obwohl sie unter der olympischen Flagge antraten, gemeinsam auf dem Podium standen.

Das Dream Team erhebt sich

Kein Gespräch über die Olympischen Spiele 1992 in Barcelona wäre komplett ohne Erwähnung des "Dream Teams". Dieser legendäre Kader, der Basketball-Ikonen wie Michael Jordan, Magic Johnson, Larry Bird und Charles Barkley umfasste, definierte den Sport auf der olympischen Bühne neu.

Vor dem Dream Team war olympischer Basketball weitgehend eine Amateursache. Doch mit der Ankunft dieser NBA-Superstars hielt die Welt den Atem an. Die Auswirkungen waren unmittelbar und elektrisierend. Die gegnerischen Teams waren einfach kein Match für das schiere Talent und die Athletik des Dream Teams. Ihre Spiele wurden zu Muss-Events, die den Sport selbst transzendierten und das Publikum weltweit fesselten. Sie waren nicht nur Sportler, sie waren globale Ikonen, und ihre Dominanz auf dem Spielfeld zementierte ihren Status als Legenden.

Jenseits des Basketballfeldes war Barcelona 1992 eine Schatztruhe voller inspirierender Geschichten und atemberaubender sportlicher Leistungen.

- **Die Magnificent Seven:** Die Welt verliebte sich in das US-amerikanische Frauenturnteam, das als "Magnificent Seven" bekannt wurde. Unter der Führung des dynamischen Duos Shannon Miller und Kim Zmeskal errangen sie die Mannschaftsbronze, ein historischer erster Platz für die Vereinigten Staaten.

- **Der Triumph barfuß:** Der äthiopische Läufer Derartu Tulu schrieb Geschichte, indem er die erste schwarze afrikanische Frau wurde, die eine olympische Goldmedaille gewann. Sie erreichte dieses Kunststück im 10.000-Meter-Lauf, und in einer herzergreifenden Demonstration von Sportsgeist teilte sie ihre Ehrenrunde mit Elana Meyer aus Südafrika, die jahrelang aufgrund der Apartheid von den Olympischen Spielen ausgeschlossen worden war.

- **Der Tauch-Dynamo:** Eine junge Taucherin namens Fu Mingxia fesselte die Herzen, als sie im zarten Alter von 13 Jahren zur jüngsten Olympiasiegerin im Wasserspringen wurde. Ihre Haltung und Anmut auf dem Sprungbrett verbargen ihr Alter, und ihr ansteckendes Lächeln erhellte den Himmel von Barcelona.

Ein Vermächtnis der Transformation und Inspiration

Die Olympischen Spiele 1992 in Barcelona hinterließen einen unauslöschlichen Eindruck auf die Stadt, die Sportwelt und die Herzen von Millionen Menschen auf der ganzen Welt. Es waren Spiele, die von der Transformation geprägt waren - der Transformation einer Stadt, der Verschiebung der globalen Politik und den atemberaubenden Leistungen von Athleten, die es wagten, große Träume zu träumen.

Barcelona 1992 war nicht nur Medaillen und Rekorde, sondern die verbindende Kraft des Sports, die Fähigkeit zur menschlichen Widerstandsfähigkeit und der unerschütterliche Geist, der uns antreibt, nach Größe zu streben. Das Vermächtnis dieser magischen Wochen in Barcelona inspiriert auch heute noch, es erinnert uns daran, dass selbst in einer Welt im Wandel das Streben nach Exzellenz und die Feier der menschlichen Leistungen einen Weg zu einer besseren Zukunft erhellen können.

Atlanta 1996 - Eine Hundertjahrfeier

Das Jahr ist 1996. Der Duft von Magnolienblüten liegt schwer in der Luft und vermischt sich mit dem elektrisierenden Summen der Vorfreude. Die Welt hält den Atem an und ist bereit, in das Spektakel der XXVI. Olympiade einzutauchen, die in der geschäftigen Stadt Atlanta, Georgia, USA, ausgetragen wird.

Dies waren nicht nur irgendwelche Olympischen Spiele, es war eine Feier, eine große Geburtstagsparty. Die Spiele von 1996 markierten das hundertjährige Jubiläum der modernen Olympischen Spiele, eine ergreifende Erinnerung an das bleibende Vermächtnis von Baron Pierre de Coubertin, dem Visionär, der die alte Tradition 1896 wiederbelebte.

Eine südliche Stadt umarmt die Welt

Atlanta, bekannt für seinen südländischen Charme und seine historische Bedeutung, verwandelte sich in ein globales Dorf. Die Stadt, die einst während des Bürgerkriegs ein wichtiger Eisenbahnknotenpunkt war, diente nun als Drehscheibe für Athleten und Fans aus 197 Nationen, der höchsten Anzahl an teilnehmenden Ländern zu dieser Zeit.

Der neu errichtete Centennial Olympic Park wurde zum pulsierenden Herzen der Spiele, voller Leben und Festlichkeit. Es ging nicht nur um die Wettbewerbe, sondern um kulturellen Austausch, gemeinsame Freude und den Geist der internationalen Kameradschaft.

Ein Wandteppich aus Triumph und Tragödie

Die Olympischen Spiele von 1996 waren eine Achterbahnfahrt der Emotionen, mit Momenten außergewöhnlicher Sportlichkeit, die mit einer ergreifenden Erinnerung an die Zerbrechlichkeit des Lebens verwoben waren.

Eines der bleibendsten Bilder der Spiele ist das von Muhammad Ali, dessen Hände zitterten, als er den olympischen Kessel anzündete, während die Welt im Gleichklang den Atem anhielt. Der ehemalige Schwergewichts-Champion, der mit Parkinson kämpfte, verkörperte den Geist der Widerstandsfähigkeit und erinnerte jeden daran, dass der menschliche Geist auch angesichts von Widrigkeiten triumphieren kann.

Das US-Team, angetrieben von der Energie der Heim-Menge, zeigte eine spektakuläre Leistung. Der legendäre Michael Johnson, in seinen maßgeschneiderten goldenen Spikes, stürmte zum Sieg sowohl über 200 Meter als auch über 400 Meter und stellte über die 400 Meter einen Weltrekord auf, der erstaunliche 17 Jahre lang Bestand haben sollte.

Ein weiterer ikonischer Moment gehörte der Turnerin Kerri Strug. Im Wettbewerb mit einem verletzten Knöchel nagelte sie ihren letzten Sprung und sicherte dem US-amerikanischen Frauenturnteam die Goldmedaille und schrieb ihren Namen in die olympische Geschichte. Das Bild ihres Trainers Béla Károlyi, der sie zum Podest trug, wurde zu einem Symbol für schiere Willenskraft und Entschlossenheit.

Die Spiele waren jedoch auch von einer Tragödie überschattet. Am 27. Juli explodierte eine Rohrbombe im Centennial Olympic Park, tötete zwei Menschen und verletzte über hundert weitere. Die Stadt, die noch immer vom Nervenkitzel der Spiele summte, versank in Schock und Trauer. Doch als Beweis für die verbindende Kraft des Sports wurden die Spiele nach einer kurzen Pause wieder aufgenommen, ein ergreifendes Symbol für die Widerstandsfähigkeit angesichts von Widrigkeiten.

Jenseits der Medaillen: Geschichten, die Anklang fanden

Die Spiele in Atlanta drehten sich nicht nur um Medaillen und Rekorde, sondern um Geschichten, die beim Publikum weltweit Anklang fanden. Da war die inspirierende Geschichte des irakischen Fußballteams, das es trotz der Kämpfe seines vom Krieg gezeichneten Landes schaffte, sich zum ersten Mal seit zwei Jahrzehnten für die Olympischen Spiele zu qualifizieren. Ihre Teilnahme war eine eindringliche Erinnerung daran, dass selbst in den dunkelsten Zeiten die Flamme der Hoffnung noch flackern kann.

Dann war da noch Josia Thugwane, ein Marathonläufer aus Südafrika, der Geschichte schrieb, indem er der erste schwarze Südafrikaner wurde, der eine olympische Goldmedaille gewann. Sein Sieg war ein

Symbol für eine Nation, die die Fesseln der Apartheid abschüttelt und mit neu gewonnener Freiheit und Stolz auf die Weltbühne tritt.

Ein Vermächtnis der Inspiration und des Wachstums

Die Olympischen Spiele 1996 hinterließen einen unauslöschlichen Eindruck auf Atlanta und die Welt. Die Stadt erlebte eine beispiellose Wachstumsphase und Entwicklung, mit verbesserter Infrastruktur und einem neu gewonnenen Gefühl von bürgerlichem Stolz.

Doch das vielleicht bleibendste Vermächtnis der Spiele in Atlanta war der Geist der Einheit und der Widerstandsfähigkeit, den sie förderten. Sie erinnerten die Welt daran, dass wir uns trotz unserer Unterschiede zusammenschließen können, um das Beste der Menschheit zu feiern, verkörpert im Geist des Sportsmannes, des Fairplay und des Strebens nach Exzellenz.

Als die olympische Flamme erlosch und das Ende der Hundertjahrfeier markierte, hinterließ sie ein Vermächtnis, das weiterhin Generationen von Athleten und Träumern inspiriert und uns daran erinnert, dass der menschliche Geist, wie die olympische Flamme, auch angesichts von Widrigkeiten strahlen kann.

Freude in Down Under: Sydney 2000

Das Jahr 2000. Ein neues Jahrtausend. Flüstern über den Y2K-Bug lag in der Luft, doch anstatt eines technologischen Zusammenbruchs erlebte die Welt eine spektakuläre Feier des Sports - die Spiele der XXVII. Olympiade, die in Sydney, Australien, ausgetragen wurden!

G'day aus der Hafenstadt!

Sydney, eine Stadt, die für ihr ikonisches Opernhaus, ihren glitzernden Hafen und ihren entspannten Charme bekannt ist, verwandelte sich in einen energiegeladenen olympischen Spielplatz. Die Australier, bekannt für ihre Freundlichkeit und ihre Liebe zum Sport, empfingen die Spiele mit offenen Armen und begrüßten Athleten und Zuschauer aus aller Welt.

Stellen Sie sich Folgendes vor: über 10.000 Athleten aus 199 Ländern, ein Rekord zu dieser Zeit, marschierten durch die Straßen der Stadt, ihre Gesichter strahlten vor Stolz und Vorfreude. Der Jubel war ohrenbetäubend! Das fühlte sich wirklich an wie eine globale Party, zu der jeder eingeladen war.

Die Ausrichtung der Olympischen Spiele war ein stolzer Moment für Australien. Es war erst das zweite Mal, dass die Südhalbkugel die Sommerspiele ausrichtete, und das erste Mal für Ozeanien. Dies war für Australien eine Chance, der Welt seine lebendige Kultur, seine atemberaubende natürliche Schönheit und natürlich seine Leidenschaft für den Sport zu präsentieren.

Die Spiele hatten auch eine besondere Bedeutung für die Aborigines, die Ureinwohner Australiens. Die Eröffnungsfeier, ein schillerndes Spektakel aus Musik, Tanz und Pyrotechnik, zollte ihrer reichen Kultur und Geschichte Tribut und webte sie auf wunderschöne Weise in das Gefüge der modernen Spiele ein.

Cathy Freeman: Eine Nation entzünden

Ein Bild von Sydney 2000 ist Millionen Menschen in Erinnerung geblieben: Cathy Freeman, die australische Sprinterin der Aborigines, überquerte die Ziellinie als Erste über 400 Meter, das Stadion tobte vor Applaus. Der Erwartungsdruck auf Freemans Schultern war immens, aber sie trug ihn mit Anmut und Entschlossenheit.

Ihr Sieg war mehr als nur eine olympische Goldmedaille, er war ein starkes Symbol für Einheit und Versöhnung für eine Nation, die immer noch mit ihrer Vergangenheit kämpfte. Der Jubel der Menge in dieser Nacht war der Klang von Grenzen, die brachen, und einer Nation, die in einem gemeinsamen Moment reiner Freude und Stolz zusammenkam.

Der Thorpedo macht einen Riesen-Spritzer!

Sydney Harbour war mehr als nur eine malerische Kulisse, es war die Bühne für einige elektrisierende Schwimm-Events. Angeführt wurde der Ansturm vom jungen Phänomen Ian Thorpe, Spitzname "Der Thorpedo" für seine Blitzgeschwindigkeit und seinen kraftvollen Körperbau.

Im Wettbewerb in seinem Heimatland schickte Thorpe die Menge in den Wahnsinn und holte drei Gold- und zwei Silbermedaillen, wobei er dabei Weltrekorde pulverisierte. Seine Siege zementierten seinen Status als Nationalheld und inspirierten eine Generation junger Australier, ins Schwimmbecken zu steigen.

Legenden sind aus...

Jedes Olympische Spiel bringt neue Legenden hervor und fügt bestehende Geschichten neue Kapitel hinzu. Sydney 2000 war nicht anders.

Wer könnte den unbezwingbaren Geist des britischen Ruderers Steve Redgrave vergessen, der seine fünfte olympische Goldmedaille in Folge gewann, eine Leistung, die in seinem Sport unerreicht ist? Oder die anmutige Brillanz der rumänischen Turnerin Andreea Raducan, die die Welt mit ihren Übungen in ihren Bann zog, bevor eine umstrittene Richterentscheidung ihr die Mehrkampf-Goldmedaille abnahm?

Diese Geschichten, gefüllt mit Triumph, Herzschmerz und allem dazwischen, machen die Olympischen Spiele so fesselnd. Sie erinnern uns daran, dass jenseits der Medaillen und der Podiumsplätze der wahre Geist der

Spiele in der Hingabe, der Widerstandsfähigkeit und dem Sportsgeist liegt, die jeder einzelne Athlet zeigt.

Die Spiele des Jahrtausends: Ein Vermächtnis der Inspiration

Die Olympischen Spiele 2000 in Sydney drehten sich nicht nur um sportliche Exzellenz, sondern auch um die Förderung von Verständnis, die Feier der Vielfalt und die Präsentation der Kraft des Sports, Menschen aus allen Lebensbereichen zu vereinen.

Die Spiele hinterließen einen unauslöschlichen Eindruck auf Sydney, transformierten ihre Infrastruktur, stärkten ihr globales Profil und inspirierten eine neue Generation von Athleten. Doch vor allem hinterließ Sydney 2000 einen Abdruck in den Herzen derer, die sie erlebten, eine Erinnerung daran, dass selbst in einer Welt, die oft gespalten ist, der olympische Geist uns noch immer vereinen kann.

Zurück zur Wiege - Athen 2004

Wissen Sie, was cooler ist als eine olympische Medaille zu gewinnen? Eine zu gewinnen an dem Ort, an dem die Olympischen Spiele geboren wurden! Genau das geschah im Jahr 2004, als die Spiele in ihr spirituelles Zuhause zurückkehrten: Athen, Griechenland.

Eine Stadt, die in Geschichte getaucht ist

Stellen Sie sich vor, Sie gehen durch Straßen, auf denen einst antike Philosophen schlenderten und Athleten vor Tausenden von Jahren trainierten! Athen, eine Stadt, die älter ist als die Zeit selbst, summte vor Aufregung. Wissen Sie, die Olympischen Spiele begannen im Jahr 776 v. Chr. in Griechenland als Tribut an Zeus, den König der Götter. Damals gab es nur ein Event - einen Fußlauf - und alle traten nackt an! Zum Glück waren die Dinge im Jahr 2004 ein bisschen anders!

Dies war jedoch nicht Athens erstes Rodeo. Sie hatten auch die ersten modernen Olympischen Spiele im Jahr 1896 ausgerichtet. Die Spiele also nach 108 Jahren wieder auszurichten, war wie eine Heimkehr, eine Chance, der Welt zu zeigen, wie sehr sie gewachsen waren, während sie gleichzeitig ihre unglaubliche Vergangenheit ehrten.

Die Organisatoren haben geschickt antike griechische Themen in die Spiele integriert. Erinnern Sie sich an die Maskottchen, Phevos und Athena? Sie wurden nach griechischen Göttern benannt und sahen aus wie bezaubernde kleine Puppen! Auch die Medaillen waren etwas Besonderes. Sie zeigten eine geflügelte Nike (die griechische Göttin des Sieges), die auf dem Panathinaiko-Stadion, dem Stadion, das für die Spiele von 1896 verwendet wurde, landet. Können Sie sich vorstellen, wie Gänsehaut die Athleten bekommen haben müssen, als sie diese Medaillen erhalten haben?

Die Eröffnungsfeier war einfach atemberaubend! Sie fand im schillernden neuen Olympiastadion statt und war eine spektakuläre Show aus Licht, Musik und Tanz, die die griechische Geschichte und Kultur feierte. Erinnern Sie sich an den riesigen See in der Mitte des Stadions? Und an den Moment, als die olympische Flamme dramatisch aus einem "brennenden" Olivenbaum hervorkam? Reine Magie!

Die Olympischen Spiele 2004 waren voller unglaublicher sportlicher Leistungen.

- **Michael Phelps**, der Schwimm-Superstar, gewann ung- **Natalie du Toits Entschlossenheit:** Die südafrikanische Schwimmerin Natalie du Toit schrieb Geschichte als die erste weibliche Amputierte, die an den

Olympischen Spielen teilnahm. Ihr Mut und ihre Entschlossenheit, auf höchstem Niveau anzutreten, inspirierte Millionen.

- **Ismailovs Gewichtheber-Triumph:** Der Gewichtheber Matthias Steiner, der für Deutschland antrat, widmete seinen emotionalen Goldmedaillengewinn seiner verstorbenen Frau und bewies, dass der menschliche Geist auch angesichts unvorstellbaren Verlustes triumphieren kann.

Ein Vermächtnis der Inspiration

Die Olympischen Spiele 2008 in Peking hinterließen ein bleibendes Vermächtnis in China und der Welt. Die Spiele lösten Entwicklungen und Verbesserungen der Infrastruktur in Peking aus und zeigten Chinas Aufstieg auf der Weltbühne. Noch wichtiger ist, dass die Spiele uns an die Kraft des Sports erinnerten, Menschen aus allen Teilen der Welt in einer Feier der Sportlichkeit, der Sportsgeist und des Strebens nach Exzellenz zu vereinen.

Wie Sie sehen, waren die Olympischen Spiele 2008 in Peking weit mehr als nur ein Sportereignis; sie waren ein kulturelles Phänomen, ein Beweis für das menschliche Potenzial und ein unvergesslicher Moment in der olympischen Geschichte.

London ruft: Ein Blick auf die Olympischen Spiele 2012

Die Olympischen Spiele sind immer ein spektakuläres Ereignis, gefüllt mit unglaublichen sportlichen Leistungen und inspirierenden Geschichten. Aber einige Jahre haben die Spiele einen zusätzlichen Glanz, ein gewisses *je ne sais quoi*. Die Olympischen Spiele 2012 in London waren definitiv eines dieser Jahre!

Die Bühne bereiten: London steht im Mittelpunkt

London, eine Stadt voller Geschichte und voller Kultur, hatte die Ehre, die Olympischen Sommerspiele 2012 auszurichten. Dies war nicht Londons erstes Rodeo, wohlgemerkt. Die Stadt hatte die Spiele bereits 1908 und 1948 ausgerichtet, was sie zur ersten Stadt machte, die die modernen Olympischen Spiele dreimal ausrichtete!

Die Spiele veränderten London. Ein brandneuer Olympiapark, der sich über 500 Hektar in Ostlondon erstreckte, wurde zum Herzen des Geschehens. Beliebte

Sehenswürdigkeiten wie Buckingham Palace und die Tower Bridge dienten als atemberaubende Kulissen für Veranstaltungen, während der Hyde Park voller Aufregung summte als Austragungsort des Triathlons und des Marathon-Schwimmens.

Eine Reise in die Vergangenheit: Londons olympische Geschichte

Londons erster olympischer Tango war 1908, ursprünglich für Rom geplant. Der Ausbruch des Vesuvs im Jahr 1906 zwang jedoch eine Änderung der Pläne, und London sprang galant ein. Dann kam 1948, nur wenige Jahre nach dem Zweiten Weltkrieg. Die Olympischen Spiele von 1948, die als "Austerity Games" bezeichnet wurden, symbolisierten Hoffnung und Widerstandsfähigkeit in einer Zeit des Wiederaufbaus.

Schnell vorgespult bis 2012, und London war bereit, seine moderne, lebendige Persönlichkeit zu präsentieren. Die Stadt zog alle Register und zeigte eine Show, die sowohl großartig als auch herzerwärmend war.

Licht, Kamera, Eröffnungsfeier!

Die Eröffnungsfeier der Olympischen Spiele 2012 war schlichtweg magisch. Unter der Regie des renommierten Filmemachers Danny Boyle (das Genie hinter "Slumdog Millionaire") war sie eine Liebeserklärung an Großbritannien. Von dem überraschenden Cameo-Auftritt der Queen zusammen mit Daniel Craig (alias James Bond) bis hin zu einer skurrilen Hommage an den National Health Service war die Zeremonie eine Achterbahn der Emotionen und zeigte den Humor, die Geschichte und das Herz des Landes.

Superstars und Rekordbrecher: Die Spiele beginnen

Die Spiele 2012 waren ein Beweis für außergewöhnliches sportliches Talent. Usain Bolt, der schnellste Mann der Welt, festigte seinen legendären Status, indem er Gold im 100-m-, 200-m- und 4x100-m-Staffellauf gewann und seinen Triumph in Peking wiederholte.

Michael Phelps, die amerikanische Schwimm-Sensation, schrieb weiter Geschichte und wurde mit insgesamt 22 Medaillen zum erfolgreichsten Olympioniken aller Zeiten. Er schaffte es sogar, eine freundschaftliche Rivalität mit einem ganz besonderen Konkurrenten zu haben - einem computergenerierten Hai! (Spoiler-Alarm: Phelps gewann, natürlich).

Britische Athleten, angetrieben von der heimischen Menge, legten eine phänomenale Leistung hin. Mo Farah, mit seiner charakteristischen "Mobot"-Feier, fesselte die Nation, indem er Gold sowohl im 5000-m- als auch im 10.000-m-Lauf gewann. Jessica Ennis-Hill wurde nach ihrem Goldmedaillengewinn im Siebenkampf zu einem nationalen Schatz, wahrend der Radfahrer Bradley Wiggins der erste Brite wurde, der im selben Jahr die Tour de France und Olympia-Gold gewann.

Die Olympischen Spiele sind weit mehr als nur Gewinnen und Verlieren. Sie stehen für Sportlichkeit, Ausdauer und die Kraft des menschlichen Geistes. Die Spiele 2012 waren keine Ausnahme. Wer könnte das inspirierende Bild des südafrikanischen Läufers Oscar Pistorius, einem Doppelamputierten, vergessen, der über 400 Meter antrat und Geschichte schrieb? Oder den herzerwärmenden Moment, als sich Konkurrenten nach einem Sturz während des Rennens gegenseitig halfen?

Lustige Fakten, um deine Freunde zu beeindrucken

- **Wusstest du?** Das Olympiastadion wurde so konzipiert, dass es nachhaltig ist, wobei Teile davon nach den Spielen abgebaut und wiederverwendet werden. Sprich, umweltfreundlich!

- **Noch ein lustiger Fakt:** Über 14.000 Athleten aus 204 Ländern nahmen an den Londoner Spielen 2012 teil, was sie zu einem der vielfältigsten Olympischen Spiele aller Zeiten machte.

- **Und hier ist noch ein skurriler Fakt:** Der Olympiapark war nicht nur für Sport. Es gab auch das größte McDonald's-Restaurant der Welt! Sagen wir mal, die Athleten brauchten ihre Energie.

Ein bleibendes Vermächtnis

Die Olympischen Spiele 2012 in London hinterließen ein bleibendes Vermächtnis, nicht nur in Bezug auf sportliche Leistungen, sondern auch in Bezug auf die Regeneration von Ostlondon. Der Olympiapark, heute bekannt als Queen Elizabeth Olympic Park, ist weiterhin ein florierendes Zentrum für Sport, Kultur und Unterhaltung.

Doch vielleicht war das wichtigste Vermächtnis der Spiele 2012 der Geist der Einheit und des Feierns, den sie förderten. Für ein paar Wochen im Sommer 2012 wurde London zum Zentrum der Welt und brachte Menschen aus allen Gesellschaftsschichten zusammen, um die Magie der Olympischen Spiele mitzuerleben. Es war eine Erinnerung daran, dass Sport uns alle vereinen kann, selbst in einer Welt, die manchmal gespalten erscheinen mag.

Samba, Sonnenschein und spektakuläre Leistungen - Rio 2016

Das Jahr ist 2016. Stellen Sie sich die leuchtenden Farben, die pulsierenden Rhythmen und die ansteckende Energie eines Karnevals vor - das war die Kulisse für die Olympischen Spiele 2016, die im Herzen Brasiliens, in Rio de Janeiro, stattfanden!

Eine Stadt nimmt die Spiele in ihre Arme

Rio, oft auch *Cidade Maravilhosa* (Wunderbare Stadt) genannt, wurde zur ersten südamerikanischen Stadt, die die Olympischen Sommerspiele ausrichtete. Eingebettet zwischen üppigen Bergen und atemberaubenden Stränden bot Rio eine atemberaubende Kulisse für das größte Sportereignis der Welt.

132

Stellen Sie sich Athleten vor, die mit der ikonischen Christus-Statue im Hintergrund antreten, deren ausgestreckte Arme die ganze Welt im Sinne der Spiele zu umarmen scheinen. Vom goldenen Sand von Copacabana und Ipanema, wo Beachvolleyball im Mittelpunkt stand, bis hin zum eigens errichteten Olympiapark in Barra da Tijuca pulsierte Rio vor Aufregung über die Spiele.

Eine Reise durch die Zeit

Wussten Sie, dass die ersten modernen Olympischen Spiele bereits 1896 in Athen, Griechenland, stattfanden? Das sind über 120 Jahre sportlicher Exzellenz! Im Jahr 2016 reiste die olympische Flamme einen langen Weg von ihrem Geburtsort in Olympia, Griechenland, nach Rio.

Die Fackelstaffel, ein Symbol für Frieden und Einheit, reiste durch über 300 Städte in Brasilien und fesselte die Herzen von Millionen. Es war eine Reise, die die Wärme und Gastfreundschaft des brasilianischen Volkes und ihre Leidenschaft für die Spiele hervorhob.

Goldene Momente und Rekordbrecher

Die Olympischen Spiele 2016 waren eine Bühne für unglaubliche menschliche Leistungen, bei denen Athleten an ihre Grenzen gingen und ihre Namen in die Geschichte einmeißelten. Tauchen wir ein in einige der denkwürdigsten Momente:

Usain Bolt – Der Blitz schlägt wieder zu!

Erinnern Sie sich an Usain Bolt, den schnellsten Mann der Welt? Er war wie ein Blitz auf der Bahn und ließ alle anderen hinter sich! In Rio gelang ihm ein "Triple-Triple" - er gewann zum dritten Mal in Folge Olympisches Gold im 100-m-, 200-m- und 4x100-m-Staffellauf. Was für eine Legende!

Michael Phelps – Geschichte schreiben mit Schwimmkunst

Stellen Sie sich vor, Sie schwimmen wie ein Fisch, aber noch besser! Michael Phelps, die amerikanische Schwimm-Sensation, schrieb in Rio weiter Geschichte. Er fügte seiner bereits beeindruckenden Sammlung fünf weitere Goldmedaillen hinzu und wurde mit erstaunlichen 28 Medaillen zum erfolgreichsten Olympioniken aller Zeiten!

Simone Biles – Die Königin der Turnkunst

Haben Sie schon einmal jemanden mit so viel Anmut und Präzision durch die Luft fliegen sehen? Das ist Simone Biles für Sie! Diese erstaunliche Turnerin aus den Vereinigten Staaten stahl mit ihren schwerelosen Übungen die Show. Sie gewann vier Goldmedaillen und eine Bronze und bewies, dass sie ein echter Turnstar ist.

Das Flüchtlings-Olympiateam – Ein Leuchtfeuer der Hoffnung

Zum ersten Mal in der Geschichte der Olympischen Spiele trat ein Team von Flüchtlingen, die aus ihren Heimatländern vertrieben wurden, unter der olympischen Flagge an. Ihre Teilnahme war ein starkes

Symbol für Hoffnung und Widerstandsfähigkeit und erinnerte uns an die vereinigende Kraft des Sports.

Brasilianisches Flair und der Geist der Spiele

Die Olympischen Spiele in Rio waren nicht nur Medaillen und Rekorde, sondern auch ein Fest der brasilianischen Kultur und des Geistes der Spiele. Von den lebendigen Eröffnungs- und Abschlusszeremonien, die mit Sambamusik und Karnevals Tänzern gefüllt waren, bis hin zur Wärme und Gastfreundschaft des brasilianischen Volkes, bot Rio ein einzigartiges und unvergessliches olympisches Erlebnis.

Die Spiele sahen auch die Einführung von zwei neuen Sportarten - Rugby Sevens und Golf - und steigerten so die Vielfalt und Spannung des Events.

Ein Vermächtnis für die Zukunft

Die Olympischen Spiele in Rio sind zwar vorbei, aber ihr Vermächtnis lebt weiter. Die Spiele brachten Infrastruktur-Entwicklung in Rio und zeigten der Welt die Schönheit und den Geist Brasiliens. Noch wichtiger ist, dass sie uns an die Kraft des Sports erinnerten, Menschen aus allen Gesellschaftsschichten in einer Feier der menschlichen Exzellenz, Ausdauer und des Strebens nach Träumen zu vereinen.

Tokio 2020: Spiele, die anders waren!

Hallo, Sportfans! Willkommen im Kapitel über die Olympischen Spiele 2020! Wir tauchen ein in eine besondere Ausgabe der Spiele, die in der pulsierenden Stadt Tokio, Japan, ausgetragen wurden. Schalten Sie sich ein, denn dieses Jahr war voller Überraschungen, Triumphe und jede Menge olympischem Geist!

Ein bekanntes Gesicht in einer brandneuen Zeit

Sie denken vielleicht: "Warte, hat Tokio nicht schon die Olympischen Spiele ausgerichtet?" Sie haben Recht! Tokio hatte die Ehre, die Olympischen Sommerspiele bereits 1964 auszurichten, und markierte damit das erste Mal, dass die Spiele in Asien stattfanden. So war 2020 für Tokio eine Chance, der Welt zu zeigen, wie viel es gewachsen und sich verändert hatte, und gleichzeitig sein olympisches Erbe zu feiern.

Aber hier wird es interessant. Die Olympischen Spiele 2020 waren keine typischen Spiele. Sie wurden aufgrund einer Sache, die die Welt noch nie zuvor erlebt hatte, um ein ganzes Jahr verschoben - eine globale Pandemie! Können Sie sich vorstellen, dass alle Athleten so hart trainiert haben, nur um ein weiteres Jahr warten zu müssen? Das ist wirklich Geduld und Entschlossenheit!

Ein Kaleidoskop aus Kultur und Innovation

Trotz der Verzögerung war Tokio bereit, die Welt mit offenen Armen zu empfangen ... virtuell! Während die Pandemie begrenzte Zuschauerzahlen bedeutete, strahlte der Geist der Einheit und der Sportlichkeit durch. Tokio 2020 war ein Schaufenster für die japanische Kultur, von den atemberaubenden Eröffnungs- und Abschlusszeremonien mit traditioneller Musik und Tanz bis hin zum innovativen Einsatz von Technologie in allem, von Roboterassistenten bis hin zu recycelten Materialien, die für die Medaillen verwendet wurden.

Wussten Sie, dass die olympische Fackelstaffel, die immer in Griechenland beginnt, durch alle 47 Präfekturen Japans reiste? Diese symbolische Reise trug dazu bei, die Begeisterung für die Spiele im ganzen Land zu verbreiten, auch wenn die Menschen nicht alle zusammen in den Stadien sein konnten.

Die Spiele müssen weitergehen (und sie waren fantastisch!)

Jetzt reden wir über das Herz der Olympischen Spiele - die Athleten und ihre unglaublichen Leistungen! Über 11.000 Athleten aus 206 Nationen traten in 33 verschiedenen Sportarten an. Das ist eine Menge Talent und Konkurrenz!

Hier sind einige der Momente, die alle zum Jubeln brachten:

- **Schwimm-Sensationen:** Das Schwimmbecken war vor Aufregung elektrisiert! Caeleb Dressel aus den USA dominierte das Becken und gewann fünf Goldmedaillen, während die Australierin Emma McKeon Geschichte schrieb, indem sie sieben Medaillen gewann, die meisten, die eine Schwimmerin jemals bei einem einzigen Olympischen Spiel gewonnen hat!

- **Turnen vom Feinsten:** Simone Biles, bereits eine Turnlegende, erinnerte die Welt an ihr außergewöhnliches Talent. Obwohl sie während der Spiele persönliche Herausforderungen bewältigte, lösten ihr Mut und ihre Ehrlichkeit wichtige Gespräche über psychische Gesundheit im Sport aus.

- **Neue Sportarten, neue Champions:** Tokio 2020 sah das Debüt einiger fantastischer neuer Sportarten wie Skateboarden, Surfen und Sportklettern. Es war so cool, diese Sportarten in die olympische Familie aufgenommen zu sehen, die den Spielen eine jugendliche Energie einbrachte!

Jenseits der Medaillen: Geschichten, die inspiriert haben

Die Olympischen Spiele sind nicht nur Medaillengewinne, sondern auch Grenzüberschreitungen, der Beweis für unglaubliche Sportlichkeit und Inspiration für andere. Tokio 2020 war gefüllt mit Geschichten, die uns an die Kraft des menschlichen Geistes erinnerten.

- **High Five für Freundschaft:** Erinnern Sie sich an den herzerwärmenden Moment, als Mutaz Barshim aus Katar und Gianmarco Tamberi aus

Italien beschlossen, sich die Goldmedaille im Hochsprung zu teilen? Ihre Freundschaft und Sportlichkeit waren ein echtes Highlight der Spiele!

- **Alter ist nur eine Zahl:** Die Skateboarderin Sky Brown, die Großbritannien vertrat, wurde mit nur 13 Jahren zu einer der jüngsten olympischen Medaillengewinnerinnen aller Zeiten! Sie bewies, dass Alter keine Barriere ist, wenn es darum geht, seine Träume zu verfolgen.

Tokio 2020: Ein Vermächtnis von Widerstandsfähigkeit und Hoffnung

Die Olympischen Spiele 2020 in Tokio werden als Beweis für die Widerstandsfähigkeit des menschlichen Geistes in Erinnerung bleiben. Ausgetragen inmitten einer globalen Pandemie, boten die Spiele ein Leuchtfeuer der Hoffnung und Einheit, als die Welt sie am meisten brauchte. Sie erinnerten uns daran, dass auch angesichts von Herausforderungen das Streben nach Exzellenz, die Kraft des Sports und die Feier der Vielfalt uns alle einander näher bringen können.

Vive la France! Die Olympischen Spiele 2024 in Paris

Machen Sie sich bereit, "Allez les Bleus!" zu rufen, denn die Olympischen Spiele 2024 nehmen uns mit auf ein Abenteuer in die Stadt der Lichter, die einzige und allein, **Paris**! Dies ist jedoch nicht Paris' erstes Rodeo. Tatsächlich haben sie die Spiele bereits zweimal ausgerichtet, was sie zur zweiten Stadt der Welt macht, die dies tut! Können Sie erraten, welche die erste war? (Psst ... es ist London!)

Eine Stadt voller olympischer Geschichte

Paris empfing die Welt zum ersten Mal für die Olympischen Sommerspiele im Jahr **1900**. Das war eine ganz andere Zeit. Können Sie sich vorstellen, dass Frauen nicht an den Wettbewerben teilnehmen durften? Glücklicherweise haben sich die Dinge seitdem sehr verändert! Dann richtete Paris die Spiele 1924 erneut aus. Das sind fast 100 Jahre vor den Spielen 2024! Es wird fantastisch sein zu sehen, wie sehr sich die Stadt verändert hat und wie sich die Spiele selbst entwickelt haben.

Eine Feier von Sport und Nachhaltigkeit

Das Motto der Olympischen Spiele 2024 in Paris lautet **Spiele weit offen**. Das bedeutet, dass Paris seine Arme (und seine wunderschönen Straßen!) für Athleten und Fans aus der ganzen Welt öffnet. Sie richten sogar einige Veranstaltungen direkt im Herzen der Stadt aus, in der Nähe von berühmten Sehenswürdigkeiten wie dem Eiffelturm und dem Grand Palais.

Aber es geht nicht nur um Glamour und Prunk. Paris ist bestrebt, die **nachhaltigsten Spiele aller Zeiten** auszurichten. Sie nutzen viele bestehende und temporäre Austragungsorte, um ihre Umweltauswirkungen zu reduzieren. Außerdem stellen sie sicher, dass die Spiele allen in der Stadt zugutekommen, nicht nur für ein paar Wochen im Sommer, sondern für die kommenden Jahre.

Machen Sie sich bereit für einige brandneue Sportarten!

Die Olympischen Spiele 2024 werden besonders aufregend, da sie einige **brandneue Sportarten** in das Programm aufnehmen. Machen Sie sich bereit, Athleten ihre Fähigkeiten in folgenden Sportarten zu sehen:

- **Breakdance:** Stellen Sie sich fantastische Fußarbeit, akrobatische Bewegungen und jede Menge Stil vor! Diese Tanzsportart wird den Spielen eine ganz neue Energie verleihen.
- **Sportklettern:** Reden wir über neue Höhen! Athleten werden in Rekordzeit Wände

erklimmen und ihre Kraft, Beweglichkeit und Problemlösungsfähigkeiten testen.

- **Skateboarden** und **Surfen:** Diese Sportarten sorgten in Tokio 2020 für Furore, und jetzt sind sie wieder in Paris! Machen Sie sich bereit für atemberaubende Tricks und episches Wellenreiten.

Berühmte Geschichten in der Mache

Jedes olympische Spiel kreiert unvergessliche Momente und inspirierende Geschichten. Wir wissen zwar noch nicht, wer die Helden von Paris 2024 sein werden, aber wir können auf einige der unglaublichen Athleten zurückblicken, die in Paris Geschichte geschrieben haben:

- **Johnny Weissmuller (1924):** Bevor er Tarzan auf der Leinwand war, war Weissmuller ein Schwimmsuperstar! In Paris gewann er drei Goldmedaillen, darunter den 100-Meter-Freistil. Er half sogar dem US-Team, die Silbermedaille im Wasserball zu gewinnen!
- **Suzanne Lenglen (1920):** Lenglen, bekannt als "La Divine", war eine Tennislegende, die bei den Spielen 1920 in Antwerpen, die ursprünglich für Paris geplant waren, den Platz dominierte. Sie gewann zwei Gold- und eine Bronzemedaille und bezauberte die Zuschauer mit ihrem eleganten Stil.
- **Paavo Nurmi (1924):** Dieser finnische Läufer wurde nicht umsonst "Flying Finn" genannt! Er gewann fünf Goldmedaillen in

Langstreckenläufen und festigte seinen Platz als einer der größten Läufer aller Zeiten.

Lustige Fakten, um deine Freunde zu beeindrucken

- **Wusstest du?** Die olympische Fackelstaffel macht einen Sprung ins Wasser - im wahrsten Sinne des Wortes! Ein Teil der Staffel wird auf einem Boot stattfinden, das die Seine hinabfährt und die Schönheit von Paris zeigt.
- **Fun Fact Alarm!** Die Maskottchen für die Olympischen Spiele 2024 in Paris heißen die Phryges. Sie sind inspiriert von den phrygischen Mützen, die während der Französischen Revolution getragen wurden und Freiheit und das Streben nach Idealen symbolisieren.
- **Stell dir das vor!** Über 13 Millionen Menschen werden die Olympischen Spiele 2024 in Paris besuchen! Das ist eine Menge Jubel, High-Fives und olympischer Geist.

Die Olympischen Spiele 2024 in Paris werden ein unvergessliches Fest des Sports, der Kultur und der internationalen Freundschaft sein. Markieren Sie sich also die Termine in Ihrem Kalender, frischen Sie Ihr Französisch auf und machen Sie sich bereit, sich von der Magie der Spiele verzaubern zu lassen!